Dans ma maison

De la musique avant toute chose ?

Épreuve de culture générale et expression

Examen 2022

BTS

Dans ma maison

De la musique avant toute chose ?

Laure Belhassen

Anne Ramade

Professeures de culture générale

ellipses

ISBN 9782340-048447

8/10 rue la Quintinie 75015 Paris

www.editions-ellipses.fr

Table des matières

Présentation

Ce manuel aborde les thèmes 2022-2023 intitulés « Dans ma maison » et « De la musique avant toute chose ? » pour réussir l'épreuve de Culture générale et expression en BTS.

Vous y trouverez les deux thèmes à l'étude :

« Dans ma maison »

Fiches thématiques, vocabulaire, problématiques, définitions, citations et chapitres ainsi que des exemples sous la forme de « focus », destinés à être utilisés pour l'argumentation de vos textes d'écriture personnelle.

« De la musique avant toute chose ? »

Fiches thématiques, vocabulaire, problématiques, définitions, citations et chapitres ainsi que des exemples sous la forme de « focus », destinés à être utilisés pour l'argumentation de vos textes d'écriture personnelle.

Méthodologie de la synthèse de documents

Des fiches pour réussir sa synthèse, depuis l'analyse des documents à la rédaction de la synthèse.

Méthodologie de l'écriture personnelle

Toutes les fiches de conseils rédactionnels et des recommandations pour argumenter efficacement ses idées.

Annales

Sujets d'examen, synthèses et sujets d'écriture personnelle

A vous de jouer ! Travaillez bien !

Présentation des auteures

Anne Ramade est formatrice en méthodologie, en préparation de concours de la Fonction publique et en culture générale et expression ; elle intervient notamment à l'IFPASS.

Laure Belhassen est formatrice en communication écrite et intervient en formation de formateurs FLE ainsi qu'en culture générale et expression ; elle exerce à l'IPFASS, au CNFPT et auprès du groupe Orange.

DANS MA MAISON

Chapitre 1

Généralités

1. Dans ma maison

Le thème 2021-2023 consiste en trois mots un peu enfantins. Cependant, en raison du COVID-19, la maison est devenue un espace de repli obligatoire face à la pandémie. Ainsi placé sous le feu d'une actualité sanitaire inquiétante, ce cadre familier et a priori sécurisant offre de nouvelles perspectives d'analyse.

Dans ma maison renvoie à une réalité diversement vécue par la population. En effet, les « quatre murs » ne sont pas forcément les mêmes pour tous et les réalités auxquelles sont confrontés leurs occupants varient : immeuble, pavillon, foyer, EHPAD, studio, chambre de bonne ou encore hôtel particulier… Nous ne sommes pas tous logés à la même enseigne. Et puis une partie significative de la population n'a pas l'occasion de dire « dans ma maison ». Il s'agit de la cohorte des sans-abri.

2. Les enjeux officiels du thème

Le thème à l'étude est présenté dans un *Bulletin officiel* dans les termes suivants :

> La maison : rien n'est plus commun et familier que cet objet architectural, un toit et des murs, un abri où l'on se sent chez soi. Et pourtant quelle diversité dans la déclinaison de ses formes, de la maison individuelle à l'appartement situé dans un immeuble ou une tour, du pavillon au studio ! Type d'habitat associé à l'organisation de la société, la maison, dans la multiplicité de ses configurations, reflète la variété de nos modes de vie : cellule familiale, colocation, EHPAD, foyer étudiant… L'habitat constitue par ailleurs un marqueur prépondérant de la différenciation sociale, selon que l'on ait ou pas un toit, que l'on soit locataire ou propriétaire, que l'on habite un immeuble de standing ou un logement exigu, insalubre.
>
> Dans presque toutes les conceptions occidentales de l'habitat, héritées de l'Antiquité, deux caractéristiques dominent : d'une part, la maison instaure une séparation entre le domaine privé du foyer et le monde public de la cité ; d'autre part, la disposition spatiale et les fonctions des pièces de la maison traduisent des usages différenciés : chambres et lieux conviviaux, lieux ouverts et pièces privées. Mais ne devient-il pas difficile, notamment avec le développement du travail à distance, de distinguer espace public et espace intime ?
>
> La clôture architecturale de la maison semble favoriser le repli heureux sur soi, seul ou au sein d'une communauté choisie. Mais si la maison offre une protection, si elle permet l'isolement, la solitude volontaire ou la retraite enchantée, ne peut-elle aussi devenir le lieu de la réclusion

subie, du retrait frileux et craintif, de la dérobade face aux désordres du monde ? Sans doute, en vertu des lois de l'hospitalité, la maison peut-elle être accueillante ; mais elle se révèle parfois secrète, hostile et le huis clos devient le théâtre des conflits et des tragédies familiales.

Espace symbolique autant qu'architectural, la maison nous fait entrer dans les domaines de l'imaginaire et du rêve. Intimement liée à notre identité profonde, la maison d'enfance est l'écrin de nos plus anciens souvenirs, de nos premières émotions. Mais la maison est aussi au croisement d'enjeux très concrets : confort, décoration, normes environnementales, sécurité et accessibilité. Entre rêve et réalité, la maison peut-elle répondre à autant d'aspirations différentes et parfois contradictoires sans tomber dans la standardisation et le conformisme ?

3. Vers d'autres problématiques

Comme on le voit, différentes questions apparaissent dans le BO. Leur recension est intéressante pour explorer le thème sous différents angles. On pourrait donc se poser les questions suivantes :

- La maison ne reflète-t-elle pas une grande variété de modes de vie ?
- Vit-on dans une maison comme on vit dans un immeuble ?
- La maison est-elle une aspiration universelle ?
- L'habitat n'est-il pas un marqueur de la différenciation sociale ?
- Si nous sommes tous égaux en droit, sommes-nous tous logés à la même enseigne ?
- Vivre sans toit peut-il être un choix ?
- L'accès à un logement décent est-il inscrit dans le droit ?
- Le confinement n'a-t-il pas abouti à une redéfinition des espaces au sein de la maison ?
- À l'heure du confinement, comment supporter la promiscuité ?
- Le confinement va-t-il faire naître un autre rapport à l'habitat ?
- La maison est-elle toujours un havre de paix ?
- Connait-on vraiment ses voisins ?
- La maison peut-elle être le lieu d'un repli volontaire et heureux ?
- La maison peut-elle être un espace de réclusion subie ?
- Peut-on vivre chez soi comme un ermite ?
- La maison n'est-elle pas l'espace privilégié du drame familial ?
- Peut-on oublier la maison de son enfance ?
- À quoi attribuer l'engouement généralisé pour le confort et la décoration ?
- Nos maisons ne sont-elles pas encombrées d'objets ?
- Nos maisons sont-elles vraiment originales ?

4. Mots-clés et expressions proposés sur le *Bulletin officiel*

MOTS-CLÉS

- Maison, bâtisse, construction, immeuble, immeuble haussmannien, immeuble de rapport, HLM, gratte-ciel, loft, domotique, pavillon, villa, manoir, château, folie, studio, préfabriqué, baraque, cabane, bicoque, masure, taudis, bungalow, chaumière, ermitage.
- Antichambre, salon, salle de réception, salle à manger, boudoir, terrasse, loggia, cuisine, buanderie, communs, chambre de bonne, galetas, soupente.
- Foyer, chez-soi, nid, refuge, pénates, lares, retraite, asile, home, confort, cosy, bien-être, Feng Shui, bricolage, restauration, promiscuité, insalubrité, nuisances.
- Propriété, résidence secondaire, maison de famille, maison de vacances, location, inventaire, état des lieux, héritage, charges, bail, copropriété, servitudes.
- Famille, maisonnée, isolement, solitude, hospitalité, sociabilité, utopie, phalanstère, confinement, gynécée, huis clos, domesticité.

EXPRESSIONS

Maison de campagne; maison de famille; maison de maître; gros comme la/une maison; par-dessus les maisons; habiter en bon père de famille; faire les honneurs de la/sa maison; garder la maison, quitter la maison; charbonnier est maître chez lui, en sa maison; à la maison, aller, être à la maison; (aimer) rester à la maison; gens de maison; maître, maîtresse de maison; entrer, se mettre en maison; maison bien réglée; tenir maison ouverte; administrer la maison; train de maison; bonne, grande maison; maison aisée, confortable; une maison accueillante, amie, charitable... home sweet home, quitter le foyer, la porte est toujours ouverte, Sans Domicile Fixe (SDF), sans abri, de la cave au grenier, un cadavre dans le placard; maison hantée...

5. Ressources proposées sur le *Bulletin officiel*

Où en êtes-vous de vos connaissances sur le thème ?

Quoi que l'étude des références proposées sur le Bulletin officiel ne revête pas de caractère obligatoire, cette liste, donnée à titre indicatif, peut vous permettre de faire le point sur vos connaissances en vous incitant, selon vos préférences, à en découvrir certaines.

Littérature

- Louis Aragon, « Intérieurs », *Le Voyage de Hollande et autres poèmes*
- Paul Auster, *Sunset Park*
- Alaa al-Awani, *L'Immeuble Yacoubian*
- Honoré de Balzac, *La Recherche de l'Absolu, Eugénie Grandet, Le Père Goriot*
- Philippe Besson, *La Maison atlantique*
- Joachim du Bellay, « Heureux qui comme Ulysse », *Les Regrets*

- René-Guy Cadou, *La Maison d'Hélène*
- Truman Capote, *Les Domaines hantés*
- Catherine Clément, *Maison mère*
- Colette, *La Maison de Claudine*
- Jean d'Ormesson, *Au Plaisir de Dieu*
- Julia Deck, *Propriété privée*
- Marguerite Duras, *La Vie matérielle*
- Lydia Flem, *Comment j'ai vidé la maison de mes parents*
- Adrien Goetz, *Villa Kérylos*
- Keigo Higashino, *La Maison où je suis mort autrefois*
- Kazuo Ishiguro, *Les Vestiges du jour*
- Jean-Claude Izzo, *Total Khéops*
- Rosetta Loy, *Noir est l'arbre des souvenirs, bleu l'air*
- Simon Mawer, *La Maison de verre*
- Irène Nemirovski, *Le Bal*
- Marcel Pagnol, *Le Château de ma mère*
- Georges Perec, *Espèces d'espaces, La Vie mode d'emploi*
- Charles Perrault, *La Barbe bleue, Le petit Poucet*
- Edgar Poe, « La Chute de la maison Usher », in *Nouvelles histoires extraordinaires*
- Jacques Prévert, « Dans ma maison », *Paroles*
- Marcel Proust, *Du Côté de chez Swann*
- Pascal Quignard, *Villa Amalia, Vie secrète*
- Yannis Ritsos, « Perspective », *Témoignages*
- Jules Romains, *Mort de quelqu'un*
- Georges Simenon, *L'Affaire Saint-Fiacre, Les Inconnus dans la maison*
- Sylvain Tesson, *Dans les forêts de Sibérie*
- Henri Thomas, « Grenier », *Le Monde absent*
- Giuseppe Tomasi di Lampedusa, *Le Guépard*
- Thomas More, *Utopie*, livre II
- Paul Verlaine, « Le Foyer », *La Bonne chanson*
- Voltaire, *Candide*, chapitre XXX
- Émile Zola, *Pot-Bouille, Comment on meurt*

Films

- Claude Chabrol, *La Cérémonie*
- Jean Epstein, *La Chute de la maison Usher*
- Alfred Hitchcock, *Psychose, Fenêtre sur cour, La maison du docteur Edwardes*
- James Ivory, *Retour à Howards End*
- Agnès Jaoui et Jean-Pierre Bacri, *Cuisine et dépendances*
- Cédric Klapisch, *L'Auberge espagnole*
- Bong Joon-ho, *Parasite*
- Philippe Le Guay, *les Femmes du sixième étage*
- François Ozon, *Huit femmes, Dans la maison*
- Maurice Pialat, *L'Amour existe*
- Roman Polanski, *Le Locataire*
- Stéphane Robelin, *Et si on vivait ensemble*
- Georges Rouquier, *Farrebique*
- Jean Renoir, *La Règle du Jeu*
- Jacques Tati, *Mon Oncle, Playtime*
- Bertrand Tavernier, *Un Dimanche à la campagne*
- François Truffaut, *L'Argent de poche*
- Thomas Vintenberg, *Festen*
- Luchino Visconti, *Ludwig ou le Crépuscule des dieux*
- Peter Weir, *Truman Show*

Séries

- *Downtown Abbey*
- *L'Agent immobilier*
- *Au-delà des murs*
- *Nos chers voisins*

Émissions de télévision : Maison à vendre, Recherche appartement ou maison, Les as de la déco, etc.

Jeux vidéos

- *Les Sims*

Musique

- Charles Aznavour, *La Maison rose*
- Barbara, *Ma Maison*
- Bénabar, *Quatre murs et un toit*
- Nino Ferrer, *La Maison près de la fontaine*
- Thomas Fersen, *L'Escalier*
- Maxime Le Forestier, *San Francisco*
- Françoise Hardy, *La Maison où j'ai grandi*
- Renan Luce, *Chez toi*
- Miossec, *Le Déménagement*
- Michel Polnareff, *Dans la maison vide*
- Raphaël, *Caravane*
- Renaud, *HLM*
- Les Wriggles, *Les Voisins*
- Zazie, *Rue de la Paix*

Pour consulter l'intégralité de ce BO, rendez-vous sur le site : https://www.education.gouv.fr/bo/21/Hebdo16/ESRS2102690N.htm.

Testez-vous !

1. Voici 7 mots du vocabulaire liés à la maison. Connaissez-vous leur sens ? Reliez chaque mot à sa définition[1].

1	Une anti-chambre	A	Riche maison de plaisance, parfois bâtie de manière extravagante.
2	Une masure	B	Balcon abrité de grandes dimensions.
3	Une buanderie	C	Pièce d'entrée qui donne accès aux autres pièces. Synonyme : entrée, vestibule.
4	Un taudis	D	Pièce qui sert à entreposer le linge.
5	Une folie	E	Habitation misérable, souvent exigüe, dépourvue de confort et d'hygiène.
6	Une loggia	F	Petite pièce dans laquelle la maîtresse de maison se retire pour être seule ou s'entretenir avec des intimes.
7	Un boudoir	G	Édifice, maison en ruines, habitation misérable, délabrée.

2. Explorer les mots du thème

a. Cherchez l'antonyme (un mot de sens contraire) de « maison de verre ».

b. Que signifie « il y a un cadavre dans le placard » ?

c. Que veut dire « par-dessus les maisons » ?

1. Vous pouvez retrouver ces définitions dans le Dictionnaire de l'Académie Française accessible sur le site : https://academie.atilf.fr/
1 = C, 2 = E, 3 = D, 4 = G, 5 = A, 6 = B, 7 = F.

Chapitre 2

De la maison « pour rien » au pavillon

Qu'est-ce qu'une maison ? Depuis quand l'être humain construit-il des maisons ? À quoi ressemblaient les premières habitations humaines ?

1. Aux origines du mot « maison »

Contrairement à la représentation que nous nous en faisons spontanément, une maison n'est pas forcément un lieu de résidence de plain-pied. « Maison » vient du latin *mansio* qui renvoie à « l'action de séjourner » ou à un « lieu de séjour ». Cette étymologie se vérifie bien dans les multiples noms avec lesquels se combine le mot-clé de notre thème. La maison peut être *des jeunes, de la culture, de l'enfance, d'arrêt, de santé, de repos, de la poésie, des artistes, des adolescents, des seniors, des associations…* Comme on le voit à travers cette liste, le terme « maison » concerne souvent une communauté d'individus amenés plus ou moins volontairement et durablement à partager un espace donné.

2. Depuis quand l'être humain construit-il des maisons ?

Jean-Paul Demoule, un célèbre archéologue, balaye quelques idées reçues : « *la maison a une histoire, une très courte histoire d'à peine dix millénaires, quand l'histoire humaine est six cents fois plus longue. La maison, avec un toit, des murs, une porte a commencé avec les premières sociétés sédentaires, en plusieurs points du monde*[1]. » D'essence collective, la maison témoigne de la sédentarisation de l'homme, phénomène lié aux débuts de l'agriculture. Certaines sociétés de chasseurs-cueilleurs ont pu se sédentariser mais la plupart étaient nomades ; leurs habitats étaient « temporaires », dépendant des ressources disponibles alentour : une fois celles-ci épuisées, on quittait le lieu.

1. Jean-Paul Demoule, « Qu'est-ce qu'une maison ? », *Rue Descartes*, vol. 43, n° 1, 2004, p. 104.

3. À quoi ressemblaient les premières habitations humaines ?

De formes circulaires ou ovales, les premières habitations humaines connues sont faites de peaux, de végétaux et parfois d'ossements. La circularité est une forme courante dans la nature et permet d'élever une construction couverte, rappelle J.-P. Demoule. « *Mais les premières maisons rectangulaires apparaissent ensuite assez vite, comme dans le néolithique*[1] *proche-oriental. La forme permet d'accoler indéfiniment de nouvelles parties aux anciennes, ce que n'autorise pas un espace circulaire, clos sur lui-même*[2] ». Dans les livres d'Histoire, c'est souvent une hutte qui représente la maison des Gaulois ; pourtant, ils vivaient dans des habitats de forme quadrangulaire. Le rectangle, forme classique de nos habitats modernes, a une veille histoire ; il est pratique car il permet non seulement la juxtaposition mais aussi l'empilement.

4. « La maison pour rien » du Moyen Âge

Il n'a pas toujours été nécessaire de souscrire à un emprunt pour construire une maison. Il se trouve même qu'il fut un temps où elle ne coûtait rien. Jean-Marie Pesez[3], fondateur du groupe d'archéologie médiévale révèle ainsi que : « *le haut Moyen Âge*[4] *est le temps de la « maison pour rien », celle dont les matériaux, la terre et le bois se procurent « sans bourse délier », et dont les techniques de construction, rudimentaires, ne nécessitent pas l'intervention d'un spécialiste*[5]. » Il est intéressant de relever que la maison rurale est alors construite selon la disponibilité des ressources locales et qu'elle ne réclame pas l'intervention de corps de métiers spécifiques. Les habitants la fabriquent souvent eux-mêmes.

5. La maison traditionnelle

« *Plus élaborée, même au village, l'habitation des* XIV*e et* XV*e siècles est faite pour durer et a acquis une valeur ; même en bois et en terre, elle fait appel à un certain savoir technique et met en jeu un ou deux spécialistes, dont le charpentier ; plus variée dans ses matériaux, elle peut être de pierre, ou couverte de tuiles*[6] » La maison traditionnelle est une évolution importante de l'habitat en ce qu'elle est pensée pour durer ; sa construction

---

1. Période correspondant aux premières sociétés de paysans comprise entre 6000 et 2200 ans avant notre ère.
2. Idem 3.
3. Jean Marie Pesez, *Archéologie du village et de la maison rurale au Moyen Âge*. Chap. 4, « La maison médiévale », Presses universitaires de Lyon.
4. De 476 ap. J.-C. à 1000 ap. J.-C.
5. *Op. cit.*
6. Idem 6.

nécessite l'intervention de spécialistes et il faut payer leur main d'œuvre. Ainsi, la maison traditionnelle a traversé le temps et imprime toujours sa silhouette dans le paysage en lui donnant un certain cachet.

6. À chaque région sa maison

La chaumière et son toit de chaume incliné en Normandie et en Bretagne ; la maison à colombages typique d'Alsace ; le mas provençal et ses épais murs de pierre ; la maison labourdine du Pays basque et ses murs blanchis à la chaux ; d'une région à l'autre, la maison traditionnelle imprime une silhouette particulière dans le paysage, variant selon les influences géographiques et les matériaux à disposition sur place. Sa construction est issue d'un long héritage de savoir-faire locaux et son architecture prend en compte les variables météorologiques ainsi que les besoins des occupants, liés aux activités professionnelles. Parfois, on cohabite avec l'animal, souvent on y stocke des provisions. Tout cela configure l'espace, qui peut s'agrandir au fur et à mesure des nécessités, quand la famille ou les activités s'élargissent.

7. La résidence secondaire : un syndrome ?

Aujourd'hui, pour nombre de personnes issues des catégories sociales moyennes et supérieures, la solution idéale est dans la double résidence. Le désir de maison se réalise alors au travers de la résidence secondaire, souvent située en zone rurale. Jean-Paul Demoule le déplore : « *les maisons rurales, celles qui ressemblent à des maisons, sont des maisons héritées du passé mais détournées, ou bien des copies bon marché de ces maisons-là ; elles servent aux loisirs*[1]. » La « longère » comme le mas provençal traditionnel avec sa grange, son pressoir ou sa souillarde sont reconvertis en pièces d'habitation. On achète aussi sur plan une maison dont la façade imite l'ancienne maison rurale.

8. Un décor uniforme et des promoteurs très actifs

Soucieuses de préserver le patrimoine, les municipalités cherchent à préserver ces maisons traditionnelles. Force est de constater que si ces dernières ne sont plus que des façades, il est très difficile de faire preuve d'originalité quand on fait construire. Les projets originaux sont souvent refusés par les mairies, même quand ils sont le

1. Idem 3.

fait d'architectes dont les projets sont soutenus par les Bâtiments de France[1]. L'idée d'une mission patrimoniale aboutit donc à une résistance pour les formes nouvelles et conduit à une uniformisation de l'habitat en milieu rural. Dans les zones urbanisées, on note une prépondérance de constructions de lotissements réalisés en périphérie. D'abord, un *lotisseur* acquiert une parcelle non viabilisée et y réalise les travaux de voirie et réseaux divers ; une fois viabilisée, un *entrepreneur* commercialise les terrains et les vend à un *promoteur* qui à son tour construit des bâtiments en vue de les revendre aux *acheteurs* finaux.

9. Le pavillon individuel est-il le rêve des Français ?

Interrogés sur leurs désirs en matière d'habitation urbaine, les Français sont très clairs : ils veulent habiter un pavillon. La maison individuelle représente leur type idéal d'habitat. Parfois stigmatisé parce qu'il incarne l'individualisme et parce qu'il va à l'encontre de projets collectifs, notamment dans les villes denses, le pavillon est depuis longtemps plébiscité. Une première enquête réalisée en 1945 par l'INED[2] révélait déjà cette préférence. Ainsi, sur les 2 500 enquêtés de l'époque, plus des deux tiers affirmaient être très favorables à l'idée d'habiter un pavillon. En 2017, les Français vont même plus loin et déclarent vouloir une « maison individuelle isolée, entourée de son jardin[3]. ». Les chiffres font la preuve d'une concrétisation de ce désir puisque la part de propriétaires de maisons individuelles ne cesse d'augmenter. En 2019, elle atteint presque 83 % alors qu'elle n'était que de 50 % en 1980.

10. Vite un petit jardin ! Les effets du confinement

Le confinement lié à la crise sanitaire a fortement réaffirmé l'attrait du petit pavillon avec jardin. On constate partout une forte demande cependant peu compatible avec les projets d'aménagements dans les zones urbaines dites tendues comme le Grand Paris[4] ou Bordeaux Métropole. Le confinement a révélé les limites de l'appartement. Le stress engendré par la promiscuité, l'absence parfois complète d'aires de jeux pour les enfants dans les grands ensembles, leur interdiction formelle dans

1. Corps des architectes et urbanistes d'État dont la mission est de préserver le patrimoine et d'aménager le territoire. Dépendant du ministère de la Culture et de la Communication, il assure l'application de nombreuses lois codifiées.
2. Institut national d'études démographiques, *Désirs des Français en matière d'habitation urbaine. Une enquête par sondage de 1945*, Paris, INED.
3. Julien Damon, « Les Français et l'habitat individuel : préférences révélées et déclarées », *Sociologies*, 2017 (http://journals.openedition.org/sociologies/5886).
4. Regroupement de la ville de Paris et de ses 130 communes en métropole.

les cours d'immeubles collectifs montrent bien que la ville n'est pas faite à hauteur d'enfants. La maison avec jardin correspond à un projet de vie familial et semble réparer cette lacune.

POUR ALLER PLUS LOIN

- *Mon oncle*, un film de Jacques Tati, 1958

➲ Focus sur… *The Truman Show*, un film de Peter Weir, 1998

1. L'histoire d'un homme sans histoire

Truman mène une vie rangée : une femme infirmière, un travail dans un bureau, des amis fidèles et des voisins aimablement salués tous les matins. Il réside dans une petite ville proprette où les maisons sont sagement alignées. Parmi ses activités de fin de semaine, l'entretien de son jardin compte pour beaucoup et domestiquer la pelouse est une activité récurrente.

Sans le savoir, Truman vit une existence orchestrée de toutes pièces par la production d'une émission de TV réalité : *The Truman Show*. Du lever au coucher et tous les jours, sa vie est visionnée par des millions de téléspectateurs.

2. L'intimité donnée en spectacle

En 1967, l'essayiste Guy Debord annonçait une « société du spectacle » où l'image de chacun aurait une importance démesurée. L'avènement des nouvelles technologies et des réseaux sociaux confirme cette idée. Ainsi, le film dénonce les dérives d'une société dans laquelle l'individu est au centre de tous les regards, y compris dans l'espace intime de la maison. Cette surveillance d'un nouveau genre se veut à la fois plus ludique (c'est une émission de téléréalité comme on en trouve beaucoup) mais aussi plus inquiétante par sa dimension intrusive : Truman est observé à son insu jusque dans sa salle de bains.

Testez-vous !

1. Dites si l'affirmation proposée est vraie ou fausse

	V	F
Les Gaulois vivaient dans des habitats circulaires.		
Le terme « maison pour rien » désigne une maison dont les matériaux sont gratuits.		
Pour construire sa maison, l'accord des Bâtiments de France est indispensable.		
Les premières maisons ont vu le jour en Europe.		

2. Complétez la phrase en sélectionnant l'élément approprié

1. *La société du spectacle* est un essai écrit par…	a	Guy Veillet
	b	Guy Debord
	c	Guy Lux
2. L'histoire de la maison remonte à…	a	100 millénaires
	b	10 millénaires
	c	5 millénaires
3. La part de propriétaires d'une maison individuelle est de…	a	63 %
	b	73 %
	c	83 %

Chapitre 3

Ma maison dans la ville

Mais pourquoi s'empiler ? Nos villes sont-elles mortelles ?
Les maisons enterrées sont-elles l'habitat du futur ?

1. L'urbanisation du monde

Des chiffres d'abord : aujourd'hui, plus de la moitié de la population mondiale habite en ville. On estime qu'elle sera 70 % à l'être à l'horizon 2050. L'urbanisation s'accélère pour des raisons évidentes : les aires urbaines concentrent les activités industrielles et tertiaires sur une planète où la population est en augmentation constante. Pour faire face à la densité et rentabiliser le foncier, quoi de mieux que de s'empiler ?

2. Immeubles, gratte-ciels : quand la ville grimpe

L'une des preuves les plus tangibles du phénomène de concentration de la population est l'immeuble de grande hauteur. Appelé dans le langage courant tour ou gratte-ciel, son profil se prête bien à la photographie et fait la preuve de la « verticalisation » des villes. On a tous en tête une représentation de la « skyline » de New York... D'ailleurs, ce sont les États-Unis qui ont, dès 1880, ouvert la voie à la verticalité. Entre Chicago et New York, béton armé et acier trempé permettent d'atteindre des sommets vertigineux. Ces sommets nouvellement conquis sont aussi la preuve d'un déplacement du centre économique du monde.

3. New York et ses gratte-ciels

Vous avez sans doute vu « Déjeuner en haut d'un gratte-ciel ». Prise en 1932 pour le New York Herald Tribune, cette photographie mythique montre 11 ouvriers assis sur une poutre métallique, les pieds dans le vide au-dessus de Manhattan 260 mètres plus bas. Cette photographie est une publicité pour le Rockefeller Center, du nom de famille d'un magnat du pétrole qui a investi dans un vaste complexe de bâtiments au style Art déco. Les États-Unis sont alors plongés dans un marasme économique de grande ampleur après le krach boursier de 1929 et cette photographie symbolise la volonté de relancer l'économie. D'ailleurs, boutiques et bureaux forment l'essentiel des étages de ces tours.

4. La course vers le ciel

Pour Jean Benoit Bouron[1] « *la verticalisation est un signe paysager très évident du processus de mondialisation, la preuve d'une insertion réussie dans l'économie mondiale* ». Au-delà de la question du foncier et de celle de la densité, la ville moderne affirme son prestige en s'élevant. Alors, qui aura la plus haute ? Dubaï, Shanghai, Seoul ou Toronto ont ainsi pulvérisé des records et c'est à Dubaï que revient la palme avec sa tour de 163 étages. D'un continent à l'autre, les nouvelles puissances économiques se lancent des défis pour crever le ciel. Pour certaines villes, il s'agit aussi de réaffirmer son prestige. Ainsi, quinze ans après les attentats du 11-Septembre, New York a ouvert à la vente en 2015 le One-57, l'immeuble résidentiel le plus haut et le plus luxueux de la ville. Perchés à 300 mètres, les penthouses ont trouvé preneur pour 90 millions de dollars.

5. Bientôt des villes souterraines ?

L'idée d'aménager le sous-sol pour en faire un lieu d'habitation n'est pas nouvelle. En 1931, l'idée d'un « gratteur des profondeurs » (Depthscraper) était déjà en vogue. Il concernait alors le Japon, sujet à de fréquents tremblements de terre. Assemblés dans une tour cylindrique plantée dans le sol faite d'une charpente en acier et de béton armé, 35 étages s'étendaient ainsi sous terre. Le projet n'a pas vu le jour. Les résistances au logement souterrain s'expliquent par une appréhension compréhensible : être privé de lumière et d'air. Mais avec l'avènement du concept de « développement durable », les promoteurs de l'aménagement des espaces souterrains en ville ont trouvé un argument massue. Alors, le futur des mégalopoles se joue-t-il en sous-sol ?

6. Deux bonnes raisons de vivre sous terre

Les raisons d'aménager le sous-sol des villes sont de différentes natures. Elles sont climatiques, comme c'est le cas pour Montréal qui dispose d'un très vaste réseau de galeries souterraines offrant boutiques et services et permettant l'accès au métro. Grâce à ces 32 kilomètres de tunnels, les Montréalais ne mettent pas le nez dehors

1. geoconfluences.ens-lyon.fr/glossaire/verticalisation. Jean-Benoît Bouron, professeur agrégé de géographie, juillet 2017.

quand le thermomètre descend à -15 °C. Les raisons de s'enterrer sont à la fois foncières et liées à la densité urbaine, comme c'est le cas à Mexico, 3e métropole la plus peuplée du monde. Avec le projet « Earthscraper », il s'agit pour la capitale de rentabiliser tous les espaces de la ville. Ainsi, ce « gratte-terre » plongerait à 305 mètres de profondeur et disposerait de plus de 65 étages.

7. Paris, ville souterraine

Paris aussi cherche à « animer » ses sous-sols. « Réinventer Paris-les dessous de Paris » est un appel à projets urbains visant à investir les sous-sols de la capitale. Parkings, tunnels ou stations de métro désaffectées, ce potentiel inexploité a été pris en main et 20 projets ont été retenus en 2019, allant de la piscine au caveau à vin en passant par la salle de sport ou de concert. Pour le moment, il ne s'agit pas d'y habiter.

8. Ces villes qui disparaissent

Un premier constat s'impose. On a abondamment étudié le phénomène des villes en déclin aux États-Unis. Celui-ci porte d'ailleurs un nom qui s'est frayé une place jusque dans les manuels de géographie français : « shrinking city » : la ville qui rétrécit. Pourtant, si le terme est anglais, ce phénomène ne concerne pas seulement les États-Unis. En France, près de 40 % des « aires urbaines » sont touchées par un déclin économique et démographique et leur cas est mal étudié. Souvent dépendantes d'une mono-industrie, ces villes se sont dépeuplées dans un long processus de fermetures d'usines et de délocalisation. Ce problème est-il tabou ?

9. Ces logements que l'on détruit

On a tendance à penser que le développement de la ville s'inscrit dans une logique de croissance continue. Saint-Dizier, Montceau-les-Mines, Bar-le-Duc, Dunkerque, Montbéliard, Saint-Étienne, Châlons-en-Champagne, Le Creusot disent le contraire… Dans ces villes, comme dans d'autres, des logements vides attendent leurs occupants. Certains immeubles sont condamnés à la destruction parce qu'ils se dégradent et que le coût de leur entretien est trop élevé. C'est le cas notamment de logements sociaux. Les lanceurs d'alerte en sont d'ailleurs les bailleurs car le sujet est plutôt tabou chez les élus.

POUR ALLER PLUS LOIN

- Olivier Ramzon, *Comment la France a tué ses villes ?*, 2017

➲ Focus sur... La ville dans trois films

La science-fiction projette sur le futur les inquiétudes de la société. C'est le principe des « dystopies », nombreuses au cinéma.

1. *Metropolis*, un film de Fritz Lang de 1927

Dans *Metropolis*, la ville de 2000 est divisée en 2 camps : les élites, oisives, vivent à l'air libre dans des immeubles de grande hauteur tandis que les ouvriers sont terrés en sous-sol et ne voient jamais la lumière du jour. Transformés en robot, leur travail consiste à alimenter une machine gigantesque qui assure le fonctionnement de la ville. Cette machine est le symbole de l'ère industrielle. Uniformisation, rationalisation et déshumanisation sont les mots-clés d'une œuvre qui semble nous alerter sur les conséquences du progrès technique et celles du primat de la science sur la société.

2. *Blade Runner*, un film de Ridley Scott de 1982

2019. Le monde est surpeuplé et dévasté par la pollution. La ville sature de panneaux publicitaires géants et tandis que des policiers patrouillent en avion, dans les rues perpétuellement pluvieuses et sombres, une foule interlope grouille à toute heure. Comme dans *Metropolis*, la ville se déploie en hauteur et l'activité humaine y est constante et fébrile ; pareillement, la lumière naturelle est devenue une ressource précieuse que seuls peuvent s'offrir les riches. La représentation de l'échelle sociale est ici aussi très concrète puisque les « classes inférieures » sont vouées à la promiscuité dans les rues tandis que les « classes supérieures » occupent le haut des immeubles de grande hauteur.

3. *Brazil*, un film de Terry Gilliam de 1984

« Allo, centrale service ? Je suis au 579B, Bloc19D, tour nord-ouest section 10, c'est à la sortie 3 de la bretelle de l'autoroute verte juste avant la bretelle de l'autoroute souterraine, j'ai un gros pépin de climatiseur, venez vite c'est urgent ! ». Dans son appartement en proie aux flammes, Sam Lowry est en panique. Le ton est donné : la ville nous absorbe dans ses vastes méandres, entre bretelles d'autoroute et blocs d'immeubles anonymes. La technologie omniprésente et omnipotente orchestre le chaos. À travers Sam Lowry, un fonctionnaire très ordinaire qui travaille pour le Ministère de l'Information, le réalisateur dénonce avec ironie un monde régi par des fils, des câbles et des tuyaux qui nous conduisent à la catastrophe.

➲ Focus sur… *Sunset Park*, un roman de Paul Auster, 2011, traduction de Pierre Furlan

1. Premières lignes

« *Depuis un an maintenant, il prend des photos d'objets abandonnés. Il y a au moins deux chantiers par jour, parfois jusqu'à six ou sept, et chaque fois que ses acolytes et lui pénètrent dans une nouvelle maison, ils se retrouvent face aux objets, aux innombrables objets jetés au rebut que les familles ont laissés en partant* ».

2. Analyse du livre

Miles, le personnage principal, est embauché pour de « l'enlèvement de rebuts ». Son employeur sous-traite pour le compte d'une banque locale la remise en état de maisons dont les occupants ont été expulsés faute d'avoir pu rembourser leur emprunt. Il s'estime heureux d'avoir un travail dans un pays où les emplois se font rares. L'action se déroule en Floride du Sud dans le contexte de la crise des subprimes qui a sévi dans tout le pays en 2008. Ce roman dépeint le malaise social américain et remet en question l'idée de la pérennité du modèle de la ville. Le logement y est d'autant plus fortement précarisé qu'il est soumis aux variations des taux d'emprunt.

C'est à vous !

1. Associez les auteurs et leurs œuvres

1	*Blade Runner*	A	Terry Gilliam
3	*Metropolis*	B	Ridley Scott
4	*Brazil*	C	Fritz Lang
5	*Sunset Park*	D	Paul Auster

2. Vrai ou faux ?

		V	F
1	En France, 25 % des zones urbaines sont en déclin.		
2	La tour la plus haute du monde se trouve à Seoul.		
2	Mexico est la troisième mégapole la plus peuplée du monde.		
3	Le Rockefeller Center a été construit à Chicago.		
4	La crise des subprimes a sévi en 2008.		
5	Les premiers gratte-ciel datent de 1900.		

Chapitre 4

Logement social et mal logement

Fait-il bon vivre dans un HLM ? Y a-t-il suffisamment de logements sociaux ? Comment lutter contre l'exclusion ?

1. Le logement social : une histoire de santé publique

L'histoire du logement social débute à la fin du XIXe siècle avec la révolution industrielle. Conséquence de l'exode rural, entre 1875 et 1914, la population urbaine est passée de 12 à 18 millions. Rien n'a été fait dans les villes pour accueillir tant de monde : les ouvriers vivent dans des conditions misérables et la tuberculose, favorisée par la promiscuité et l'insalubrité, fait 100 000 morts par an ; quant à la mortalité infantile, elle touche un nourrisson sur cinq[1].

2. Les premiers HLM

L'« Habitation à loyer modéré » a pour ancêtre le HBM, abréviation pour Habitations à bon marché. Fondée en 1889, la société gérante est à la fois un groupe de pression et un centre d'information. Son but est globalement d'impliquer industriels, pouvoirs publics et banques dans la création de logements destinés aux ouvriers. Si les questions de santé publique motivent les premières constructions, la paix sociale est une autre raison du logement bon marché. Jules Siegfried, fondateur du HBM affirmait : « *Celui qui possède ne veut pas abattre l'ordre existant* ». En effet, on suppose que permettre l'accès à un logement décent ou à la propriété peut freiner les revendications du socialisme naissant.

1. Chiffres fournis par l'Union Sociale de l'Habitat : https://www.union-habitat.org/frise-historique.

3. La Ruche, première cité-jardin

Premier projet de la Société des habitations à bon marché, la Ruche voit le jour à la fin du XIXe siècle, à Saint-Denis. Cet ensemble se compose de pavillons avec jardins prévus pour l'accession à la propriété et d'appartements en location. La cité-jardin héberge les ouvriers travaillant dans les industries alentour. Elle existe toujours et fait l'objet de visites dans le cadre des Journées du Patrimoine.

4. Le logement pour garantir la paix sociale ?

La nécessité d'un logement social s'impose dans la politique publique à partir de 1920 dans un contexte de pénurie de logements et de loyers prohibitifs liés à la Grande Guerre. Les associations de locataires, en particulier l'Union Confédérale des Locataires (aujourd'hui, la Confédération nationale du logement) se renforcent alors et commencent à peser en politique. Petit à petit, les HBM deviennent les acteurs de la production de logements sociaux, qu'ils soient destinés à la location ou à la propriété.

5. Construire vite ! L'urgence de l'après-guerre

Après la Seconde Guerre mondiale, différents plans de construction voient le jour car il est urgent de faire face à une situation très dégradée. En effet, 10 % de la population vit dans des taudis, 45 % des logements sont surpeuplés et 80 % n'ont pas de toilettes à l'intérieur. On continue par ailleurs à construire des habitats collectifs dépourvus de confort. À l'Assemblée nationale, Claudius Petit, le ministre de la Reconstruction et de l'Urbanisme s'insurge : « *Il est invraisemblable qu'en plein XXe siècle, on songe à édifier des maisons de cinq étages sans ascenseur ni chauffage central. Songe-t-on aux femmes qui auront à monter leur charbon à cette hauteur ou à porter leurs enfants*[1] ? » C'est dans ce contexte que naît la « Cité radieuse », un chantier expérimental pour la reconstruction d'après-guerre.

---

1. André Ballet, « M. Claudius Petit défend l'œuvre de Monsieur Le Corbusier », *Le Monde*, 16 novembre 1951.

6. Fait-il bon vivre dans La Cité radieuse ?

Inaugurée en 1952 à Marseille, la Cité radieuse se définit comme un « village vertical » et est la première des cinq unités d'habitation (UH) inventée par l'architecte Le Corbusier. Pour cet architecte inspiré du Bauhaus[1], « la maison est une machine à habiter » : elle doit avant tout répondre à des besoins, être fonctionnelle. La Cité radieuse se présente comme une immense barre de béton érigée sur pilotis. Elle offre une silhouette de paquebot et comporte 337 appartements de 23 types différents. Classés de A à H, ils peuvent accueillir jusque 10 personnes et possèdent rangements intégrés et cuisine équipée. Le type E, pensé pour 4 personnes est le plus fréquent et mesure 98 m^2. Une grande partie des activités des habitants y sont gérées dans des espaces collectifs : l'UH est doté d'un dispensaire, d'une crèche, de boutiques, d'une bibliothèque, de clubs d'enfants et même d'une pataugeoire (sur le toit). Cet ensemble très fonctionnel révèle un sens aigu du service public.

7. La Maison du Fada

Avec son allure imposante voire monumentale (135 mètres de long et 56 mètres de hauteur), la Cité radieuse fait d'autant moins l'unanimité qu'elle doit être construite dans les beaux quartiers de Marseille. C'est assez pour que la « société pour l'esthétique générale de la France » se mobilise et tente de faire arrêter le projet. Surnommée « la Maison du Fada », taxée d'être un « gigantesque clapier[2] », la Cité radieuse est classée depuis 2016 au patrimoine mondial universel. Quant aux habitants, ils ont créé un site pour présenter leur Cité et les multiples activités qui s'y déroulent. Jardin partagé, projections, expositions ; à 69 ans, l'UH de Marseille et ses habitants se portent très bien.

8. Hiver 54 : « L'insurrection de la bonté »

Le 1er février 1954, l'abbé Pierre lance un appel sur les ondes de Radio Luxembourg. Il commence par ces mots : « *Mes amis, au secours ! Une femme vient de mourir, gelée, cette nuit à 3 heures, sur le trottoir du boulevard Sébastopol, serrant sur elle le papier par lequel, avant-hier, on l'avait expulsé* ». Le thermomètre est descendu à – 15 °C et dans la rue, des femmes, des hommes et des enfants meurent de froid. Les lois de l'époque autorisent les expulsions en toute saison et, pour les plus pauvres, l'accès

1. Bauhaus signifie « maison du bâtiment ». C'est une école d'architecture fondée en Allemagne en 1919. Son objectif est de créer des logements fonctionnels accessibles au plus grand nombre. On les reconnaît à leur forme épurée, cubique ou carrée.
2. Idem 14.

au logement est impossible : on les appelle alors « les couche-dehors ». Après l'appel de l'abbé Pierre, un immense mouvement d'entraide s'organise à l'échelle du pays ; c'est « l'insurrection de la bonté ».

9. Lutter contre l'exclusion

Un mois et demi après son appel, l'abbé et ses compagnons disposent d'une somme colossale : un demi-milliard de francs. Le mouvement Emmaüs fondé en 1949 sort de son quasi-anonymat et va progressivement devenir un acteur associatif incontournable de la lutte contre l'exclusion. Le gouvernement lance aussi un grand concours pour la réalisation de Logements économiques de première nécessité (LEPN) et des cités d'urgence sont édifiées. Plus de 12 000 logements sont ainsi construits dans l'urgence un peu partout en France. L'année 1954 a aussi vu naître la première réglementation sur les attributions de logements sociaux. En 1955, on instaure une *trêve hivernale*, période allant du 1er novembre au 31 mars de l'année suivante au cours de laquelle aucune expulsion locative ne peut avoir lieu. En 2021, en raison de la crise sanitaire, elle a été prolongée jusqu'au 31 mai.

10. Trente Glorieuses et Trente Piteuses

Les années 65-75 sont des années de production de masse. Nous sommes encore dans les « Trente Glorieuses » et la France a dépassé le seuil des 50 millions d'habitants. En 1973, ce sont 556 000 logements qui sont construits, un record en matière de chantier. Mais à partir des années 1980, la crise économique engendre chômage et exclusion. Les chiffres du mal logement révèlent un renforcement des inégalités et un développement de la pauvreté. « *Putain, c'qu'il est blême, mon HLM* ! » chantait Renaud en 1980. En faisant un portrait au vitriol des locataires des huit étages de son immeuble, Renaud rend compte d'un malaise social grandissant, y compris pour ceux qui ont un toit. En 1994, l'abbé Pierre réitère son appel mais, dans un contexte économique dégradé, il est moins entendu.

11. Le mal logement aujourd'hui ?

Un Français sur deux vit ou a vécu en HLM et 12 millions d'individus logent dans 5 millions de logements sociaux. Malgré cet accueil important, le parc locatif social n'est pas à la hauteur des besoins. La préfecture de Paris et d'Île-de-France l'annonce sur son site : « au 31 décembre 2018, la région Île-de-France comptait 718 657 demandeurs de logement social. Paris et la petite couronne concentrent 69 % des demandes[1]. ». La fondation Abbé Pierre nous alerte à nouveau sur le problème du logement car ils sont 300 000 à vivre dehors. Le nombre de SDF a doublé en 8 ans. Pourtant, l'INSEE révèle que la France totalise 3 millions de logements vacants dont 700 000 sont vides depuis plus de quatre ans. Beaucoup de ces logements sont par ailleurs situés dans des villes où les besoins sont grands. Ce contexte de crise du logement n'empêche pas la spéculation immobilière. Dans une logique foncière, il vaut mieux attendre que les logements vacants prennent de la valeur plutôt que de les louer. Le 10 février 2020, un « plan national de mobilisation des logements et locaux vacants » a été lancé et leurs propriétaires incités à remettre leurs biens sur le marché.

12. Salariés précaires, migrants : où loger ?

Si certains sont mal logés, d'autres ne le sont pas du tout. La crise du logement et le coût prohibitif des loyers affichés dans certaines grandes villes obligent certains à vivre au camping ou, pire, dans leur voiture. Parfois, ce sont des salariés précaires dont les revenus ne suffisent pas aux garanties draconiennes exigées par les agences immobilières et dont les revenus sont trop élevés pour ouvrir une demande de logement social. Par ailleurs, les « crises migratoires » font apparaître de nouveaux campements aux marges des villes et dans leurs interstices. À Paris, ces camps sont régulièrement démantelés par les forces de l'ordre.

13. Et la banlieue ?

Le terme « banlieue » remonte au Moyen Âge et désigne une juridiction au ban de la ville, c'est-à-dire en dehors. À l'origine, la banlieue a un lien de dépendance voire de soumission administrative à la ville. Les banlieues font depuis peu l'objet d'une « politique de la ville » en raison de la forte concentration de problèmes socio-économiques qu'elles accueillent. Les termes péjoratifs associés à la banlieue ne manquent pas ; tantôt « cités dortoirs », tantôt « cages à lapin », elles font l'objet de représentation très négative dans les médias.

POUR ALLER PLUS LOIN

- Entendre Le Corbusier s'exprimer sur la Cité radieuse : https://www.franceculture.fr/architecture/le-corbusier-sexprime-sur-sa-cite-radieuse
- ***Les enfants du 209 rue Saint-Maur***, un documentaire de Ruth Zylberman

1. http://www.drihl.ile-de-france.developpement durable.gouv.fr/logement-locatif-social-r46.html.

➲ Focus sur… « Tintin au Périphéristan[1] », un article de Jérôme Berthaut, *Le Monde diplomatique*, avril 2016

Dans cet article, le sociologue rend compte des mécanismes journalistiques à l'œuvre dans la fabrication d'une image de la banlieue.

1. JT cherche « fixeur »

La banlieue serait-elle une zone de conflit où pleuvent les bombes ? Non, mais à la rédaction de France 2, on révèle ne rien comprendre aux codes linguistiques et sociaux utilisés par les habitants et, pour les traduire, on a désormais besoin d'un « fixeur ». Chauffeur et/ou interprète, le « fixeur » est normalement une personne qui accompagne les journalistes dans les pays… en guerre.

2. JT recherche sensationnel

Le recrutement de fixeurs révèle la forte médiatisation de thèmes liés à la déviance de certains quartiers. Deal, vol, trafic d'armes ou de voitures, « tournantes », montée du djihadisme, racket, vandalisme, fraude aux prestations sociales… La banlieue s'affiche souvent hors la loi à travers une image fabriquée par le préjugé journalistique.

3. La fabrique des ghettos : de l'image aux mots

Un reportage, ce sont tout d'abord des images. Cages d'escaliers dégradées, longs couloirs obscurs, halls d'immeubles aux boîtes aux lettres vandalisées, tags et antennes paraboliques fleurissant partout sur les balcons… Quand il est en reportage en banlieue, le reporter, en quête de sensationnalisme, plante le décor en se concentrant sur ce qui peut choquer.

---

1. Manière de voir, *Le Monde diplomatique*, n° 146, avril-mai 2016.

C'est à vous !

1. Quelle est la bonne réponse ?

		A	B	C
1	L'ancêtre du HLM est le HBM (Habitation Bon Marché). Quand cette société a-t-elle été fondée ?	1889	1929	1949
2	La « trêve hivernale » a été instaurée en…	1945	1955	1965
3	Une enquête de l'INSEE révèle que de nombreux logements sont vacants. Mais combien au juste ?	1 million	2 millions et demi	3 millions
4	Le Corbusier est l'architecte d'une « Unité d'Habitation » appelée…	Le Phalanstère	Le Village idéal	La Cité radieuse
5	Quel est le pourcentage de logements équipés de toilettes en 1945 ?	20 %	30 %	40 %
6	En quelle année a eu lieu « l'insurrection de la bonté » ?	1954	1964	1974

Chapitre 5

Habiter autrement

La vie en communauté est-elle facile ? La colocation peut-elle être un choix ? L'habitat léger, qu'est-ce que c'est ?

1. Vivre en communauté : les anarchistes du siècle dernier

En France, au début du xxe siècle, différentes expériences de vie en communauté ont été menées par les anarchistes. Insurgés contre la condition ouvrière, refusant le salariat et la propriété privée, le principe de ces individus est de mettre en commun leurs forces pour vivre en autosuffisance. « *La révolution doit déjà commencer par soi-même, c'est-à-dire que l'on ne doit pas attendre d'un grand soir hypothétique que tout change, si les individus n'ont pas déjà changé eux-mêmes* » explique Anne Steiner[1]. Le projet libertaire implique ainsi une grande discipline. D'ailleurs, dans ces communautés, alcool et tabac sont considérés comme des fléaux et il est très mal vu d'en consommer.

2. De Mai 68 à Longo Mai

Ces expériences de vie communautaire sont réitérées à la fin des années 1960. À la suite de Mai 1968, des centaines de jeunes gens partent s'installer dans des villages désertés et parfois en ruines pour y expérimenter une autre façon de vivre, un « retour à la terre ». Beaucoup de ces communautés ont périclité. Certaines, comme « Longo Mai », ont résisté. Fondée en 1973 dans les Alpes-de-Haute-Provence, elle a un statut de « coopérative agricole et artisanale » et, fidèle à ses principes du début, elle est « libertaire, laïque, rurale et anticapitaliste ». Internationale, elle regroupe en réseaux dix autres coopératives en Europe et une au Costa Rica.

1. France Culture, La Série documentaire *Quatre expériences de retour à la nature*, épisode 3 : « Les clairières libertaires, une vie communautaire d'anarchiste en 1900 ».

3. Christiania, une communauté atypique chez les Danois

Fondée en 1971 en plein mouvement hippie, la communauté de Christiania réunit des jeunes gens décidés à vivre autrement. En rupture avec les valeurs dominantes de leur pays, ils décident donc de fonder une communauté dans cette partie de Copenhague (capitale du Danemark), qui est alors une friche militaire. À Christiania, tout est à (re)construire : les logements comme les services collectifs. Les jeunes gens se retroussent les manches et se mettent au travail[1] ! Au fil du temps, le fonctionnement de la communauté de Christiania se met en place : l'organisation des services, la collecte des déchets ; toutes les décisions sont prises en commun. Christiania est une communauté autogérée, sans hiérarchie mais s'appuyant sur de nombreuses réunions. La propriété privée n'y existe pas ; chacun verse une somme d'argent modeste à un pot commun pour assurer les services collectifs. Tous les repas sont pris en commun, sauf le samedi.

4. Vivre en colocation en 2021

Avec des loyers qui flambent, le système D se développe et les façons d'habiter évoluent. Ainsi, la colocation a fait son entrée dans nos modes de vie. D'abord destinée aux étudiants, la colocation s'est étendue à d'autres profils de citoyens : personnes âgées disposant de grands logements, divorcé(e)s ou familles monoparentales en manque d'espace ; les solidarités se nouent surtout autour d'intérêts complémentaires. C'est le cas avec la Maison des Babayagas, une résidence autogérée pour femmes âgées située à Montreuil (Seine-Saint-Denis). Cette « anti-maison de retraite » se définit comme « participative et engagée » et fait la promotion d'un modèle d'habitat participatif destiné au 3e âge.

POUR ALLER PLUS LOIN

- Quelques projets de villes utopiques sur le site de la BNF : http://expositions.bnf.fr/utopie/cabinets/rep/bio/6.htm

---

1. Laurène Champalle, *Christiania ou les enfants de l'utopie.*

➲ Focus sur… L'habitat léger

1. Qu'est-ce que l'habitat léger ?

Yourte, tipi, roulotte, mobile home, caravane, cabanes, huttes… ces habitats parfois éphémères ont pour point commun d'être démontables et mobiles. La loi Alur[1] a favorisé leur installation en invitant les communes à définir des terrains où ils pourraient s'installer dans le cadre du plan local d'urbanisme (PLU).

2. Des freins à l'habitat léger

Dans les « territoires », cet habitat léger est menacé. En 2019, une loi[2] a d'ailleurs élargi le pouvoir du maire qui peut lui faire la chasse. Cette loi montre que la sédentarité est inscrite comme valeur de référence. Les populations estampillées « nomades » ne sont pas les bienvenues.

3. Habitat choisi ou habitat subi ?

Ce sont souvent des événements extérieurs qui conduisent à s'installer dans un habitat léger. Ainsi, la crise du logement a provoqué l'arrivée de nouvelles catégories de personnes dans les campings. On s'installe alors dans une caravane ou dans un mobile home. Il est cependant interdit d'en faire sa demeure car les campings ne peuvent pas être occupés plus de 3 mois.

4. Et les « gens du voyage » ?

Ils sont 500 000 citoyens majoritairement français à vivre dans des aires d'accueil. Celles-ci sont systématiquement situées dans des environnements hostiles et pollués. Leurs équipements, quand il y en a, sont mal entretenus voire absents. « À Strasbourg, l'aire est surnommée « *petit Auschwitz* » par les habitants. L'endroit est situé au milieu des usines et de huit voies de chemin de fer. Celui d'Avignon se trouve entre une station d'épuration et une déchetterie[3] » signale William Acker, un juriste issu d'une communauté de Voyageurs.

1. Loi pour l'accès au logement et un urbanisme rénové.
2. Loi du 27 décembre 2019, « vie locale et proximité de l'action publique ».
3. https://reporterre.net/Les-gens-du-voyage-sont-soumis-a-une-pollution-systematique.

➲ Focus sur… Le Phalanstère de Charles Fourier

1. Qu'est-ce qu'un « phalanstère » ?

Le terme *phalanstère* est indissociable du nom de Charles Fourier. Né en 1772, ce fils de commerçant a 17 ans lors de la Révolution française. Il observe que, loin de bénéficier à tous, le progrès industriel a au contraire pour conséquence un appauvrissement du peuple.

2. Un projet utopique et concret

Dans l'un de ses traités, il conçoit le plan d'un phalanstère, lieu de vie communautaire destiné à l'accueil de « sociétaires ». Le bâtiment, long d'environ un kilomètre, comporte outre des appartements privés, une cour d'honneur, un opéra, une bibliothèque et de nombreux réfectoires. Entièrement tournée vers le progrès social, la pensée de Fourier a été qualifiée d'utopique. Pourtant, son modèle a fait l'objet d'application.

3. Qu'est-ce qu'un « familistère » ?

En France, le « familistère de Guise », achevé en 1883 et situé dans l'Aisne décalque quelques principes du phalanstère de Fourier. Son fondateur, Jean-Baptiste André Godin, fabricant des célèbres « poêles Godin », consacre une partie de sa fortune à l'édification d'un « palais social », un bâtiment d'habitation destiné aux ouvriers et à leur famille. À deux pas de leur usine, les travailleurs bénéficiaient d'un théâtre, d'un kiosque à musique, d'une crèche et de commerces appelés économats. Aujourd'hui, le familistère se visite comme un musée et les habitants s'y font rares.

Testez-vous !

1. Complétez chaque proposition en choisissant l'élément approprié

Le « Phalanstère » est un modèle d'habitation inventé par…	a	Charles Fourier
	b	Charles Boucicaut
	c	Charles Forestier
Qui a créé le « familistère de Guise » ?	a	Jean-Baptiste André de Guise
	b	Jean-Baptiste André Godin
	c	Georges Chapoutier
« Christiania » est une communauté…	a	danoise
	b	française
	c	espagnole
La coopérative « Longo Mai » a été fondée en…	a	France
	b	Espagne
	c	Italie
PLU est l'acronyme de…	a	plan local d'urbanisme
	b	plan local d'urgence
	c	plan local utilitaire

2. Vrai ou faux ?

		V	F
1	Les babayagas sont des anarchistes du début du xxe siècle.		
2	Les gens du voyage sont environ 500 000 en France.		
3	Christiania est une communauté fondée en 1971.		
4	Longo Mai est une communauté qui perdure depuis des années.		
5	Le familistère de Guise est toujours habité.		

Chapitre 6

La maison, pièce par pièce

Quelle est la pièce préférée des Français ? Comment expliquer le besoin de confort ? Quels ont été les effets du confinement sur les habitants de la maison ?

1. Tout le temps chez soi

Les manières de vivre dans la maison ont beaucoup évolué au cours des dernières décennies. On passe plus de temps de chez soi. Les NTIC ont progressivement modifié nos modes de vie et notre relation à l'habitat. Ainsi, certaines actions qui se déroulaient à l'extérieur se font maintenant à l'intérieur ; on parle d'internalisation[1]. Par exemple, accéder à des films est possible via des plateformes et il n'est plus nécessaire d'aller au cinéma. De même, la plupart des achats peuvent se faire sur Internet et sont livrés à la maison. Le passage aux 35 heures puis l'avènement du télétravail ont aussi joué en faveur d'une augmentation du temps de présence au domicile.

2. La maison, espace de convivialité et de loisir

Passer plus de temps chez soi a conduit à porter une attention nouvelle au décor et à l'ambiance domestique. On pense en termes de loisirs ; il faut « créer une ambiance conviviale pour ses enfants, sa famille et ses amis[2] ». Dans les publicités, la maison apparaît comme un lieu confortable, de détente et de repos. Le succès des enseignes de bricolage, l'offre importante de magazines dédiés à la décoration, le nombre croissant d'émissions consacrées à l'aménagement de son chez soi témoignent d'une forte aspiration de la population au confort.

3. Montrer ou cacher ? Ouvrir ou fermer ? Seul ou ensemble ?

L'appartement, signifiant espace divisé en parties (*définition*), doit permettre à ses habitants de se retrouver pour des activités communes et garantir aussi leur intimité. D'une époque à l'autre, certaines pièces on changé de statut.

1. http://www.urbanismepuca.gouv.fr/IMG/pdf/Entre_confort_desir_normes.pdf.
2. idem 1.

La cuisine

Avant la Seconde Guerre mondiale, la cuisine est un lieu fonctionnel séparé de la maison. Elle est considérée comme un espace de service relégué pour la préparation des repas. Dans les constructions contemporaines, la cuisine est devenue un espace de sociabilité. On peut y recevoir des amis et celui ou celle qui prépare le repas est ainsi mêlé à la vie du groupe. Elle est parfois « ouverte » sur le séjour mais si elle est suffisamment grande, elle peut devenir une pièce principale et on la fréquente en dehors des heures de repas. Les Français lui consacrent une part importante de leur budget d'ameublement et on note une montée en puissance des cuisinistes qui proposent un équipement sur mesure.

Le séjour

C'est la pièce préférée des Français. Elle comprend souvent un coin repas car la « salle à manger » en tant que pièce a disparu dans les logements sociaux comme dans ceux des classes moyennes. Si le séjour ne comporte pas de coin repas, on mange assis sur le canapé, un plateau-repas posé sur une table basse. Ce comportement est assez nouveau et on parle même de « génération canapé » voire de « génération vautrée ». Les Français consacrent à cette pièce la part la plus importante de leur budget d'ameublement et elle fait souvent l'objet d'une décoration soignée et personnalisée. Même si la télé y est encore présente et centrale, on la regarde cependant moins en famille, chacun disposant de sa tablette numérique.

La salle de bains

C'est la pièce la moins aimée des Français. Alors qu'ils voudraient une grande pièce lumineuse avec un coin détente et un même un jacuzzi, elle excède rarement plus de 3 m^2 et c'est souvent une pièce aveugle. À l'heure où les soins du corps ont tendance à augmenter, elle n'est donc plus seulement dédiée à l'hygiène mais au bien-être. Ce changement de mœurs n'a pas encore été pris en compte par les architectes.

La chambre

La chambre est un espace privé et intime. Sa frontière est la porte. On y trouve parfois le prénom de son occupant et un message destiné aux autres membres du groupe : « ne pas déranger ». Aujourd'hui, avec ses 9 m^2, la chambre tend à devenir un espace vite envahi par le lit. Elle se transforme à mesure que son occupant grandit, et, entre enfance et adolescence, elle change de décor et de fonction. Elle est pour les adolescents un espace très recherché pour son intimité et les possibilités de repli qu'elle offre. La chambre conjugale correspond quant à elle souvent à un espace de repos et de rangement. On aime rarement la montrer car le manque de rangements fait souvent d'elle une... lingerie. D'ailleurs, dans le neuf, l'insuffisance de rangements est une plainte récurrente des habitants.

4. La maison confinée

Télétravail, école à la maison... Mais comment assumer sa part de télétravail quand on doit aussi exercer la fonction d'enseignant(e) et réaliser en parallèle les tâches domestiques ? La fermeture des écoles a entraîné une forte augmentation des tâches prises en charge par les parents : préparation des repas, activités, suivi scolaire... La cohabitation forcée et permanente entre parents et enfants a été source de grandes difficultés pour les familles. Agitation et agressivité du côté des enfants, « burn-out » parental : le cumul d'activités et la promiscuité ont été de gros facteurs de stress.

5. Femmes et enfants dans la maison confinée

Au sein de la maison, « les femmes sont moins nombreuses que les hommes à disposer d'un « espace à soi » pour le télétravail et connaissent, de manière générale, des conditions de logement moins favorables. Elles doivent plus souvent le partager avec les enfants ou d'autres membres du foyer[1]. Un état de fait qui les expose d'autant plus aux demandes domestiques. En plus des tâches parentales, les tâches domestiques ont reposé plus fortement sur les femmes, un accroissement ayant conduit à des tensions au sein des couples, liées à leur répartition. Plus grave, « pendant le premier confinement, les interventions des forces de l'ordre à domicile dans la sphère familiale ont augmenté de 42 % par rapport à la même période en 2019[2] ».

6. L'heure du bilan

Les impacts sociaux du confinement ne sont pas encore tous évalués. En définitive, le confinement a provoqué une augmentation des troubles anxieux du sommeil, d'addictions et une surconsommation d'anxiolytique. Il a été un révélateur sans

---

1. Journal officiel de la République Française, « crise sanitaire et inégalités de genre, avis du CESE », présenté par Dominique Joseph et Olga Trostiansky au nom de la Délégation aux droits des femmes et à l'égalité.
2. Idem 1.

équivoque d'inégalités persistantes dans la partition des rôles dévolus aux femmes et aux hommes. Le confinement a aussi rappelé une forte disparité des conditions de logements.

POUR ALLER PLUS LOIN

- Serge Tisseron, *L'Intime surexposé*, un essai de 2001

➲ Focus sur... *Ethnologie de la chambre à coucher*, un essai de Pascal Dibie, 1987

Chaque culture a sa conception du sommeil et sa façon de dormir : hamac ou capsule de sieste japonaise, à même le sol ou sur une nattes, dans des lits gigogne ou encore jumeaux.

1. Dormir d'un siècle à l'autre

Au VIe siècle, on dort à dix ou douze dans un lit collectif où se mêlent parents, enfants, oncles, tantes, cousins, cousines et serviteurs, souvent nus. L'Église fait progressivement pénétrer un nouvel ordre dans les mœurs, bannissant le couchage collectif mixte et imposant des périodes de chasteté.

2. Bienvenue dans ma chambre !

Au XVIIe siècle, intégrée à la vie sociale de la société de cour, la chambre à coucher dite de « parade » est un lieu de fêtes et de réceptions. Installée dans son lit, la maîtresse de maison y accueille les visiteurs et s'entretient avec eux. On y fait salon chez les Précieuses.

La « chambre à coucher » ne s'impose qu'au milieu du XVIIIe siècle et définit plutôt la bourgeoisie car l'habitat populaire urbain ne dispose que rarement de chambres dédiées au seul usage du sommeil. Aujourd'hui, avec ses 9 m^2 minimum, norme sanitaire des années cinquante, la chambre des espaces urbains tend à devenir un espace dédié au sommeil.

C'est à vous !

1. Vrai ou faux ?

		V	F
1	La pièce préférée des Français est la cuisine.		
2	La salle de séjour est la pièce où l'on investit la part la plus importante du budget ameublement.		
2	La taille moyenne des chambres est de 12 m^2.		
3	La chambre à coucher s'est imposée au XVIIIe siècle.		
4	Au VIe siècle, le lit était collectif.		
5	On passe plus de temps dans la maison qu'au siècle dernier.		

2. Et chez vous… ?

a. Quelle est la pièce que vous préférez, chez vous ?
b. Quelle est la pièce où vous passez le plus de temps ?
c. Quelle est la pièce que vous fréquentez le moins ?
d. Quel est l'endroit que vous aimeriez réaménager ?

Chapitre 7

Habiter chez soi, mode d'emploi

Quand se sent-on bien « chez soi » ? Qu'implique un retour « chez soi » après une longue absence ?

A. J'emménage !

1. Pendre la crémaillère

Grand rituel de l'emménagement, la « pendaison de crémaillère » est l'action de poser le crochet en fer qui permet de suspendre la marmite dans la cheminée. C'est donc, très logiquement, ce que l'on fait en dernier. Ce rituel qui vient du Moyen Âge se maintient aujourd'hui pour inaugurer la maison même sans cheminée ni crémaillère…

2. Je déménage !

Emménager est toujours un grand moment dans une vie : cela s'accompagne d'un sentiment d'enthousiasme, de promesses d'une nouvelle vie, d'un nouveau départ. Environ 3 millions de Français déménagent chaque année. Pourtant, nos voisins européens déménagent plus que nous. Notre attachement aux biens patrimoniaux serait en cause dans cette sédentarité relative. On déménage pour se rapprocher de sa famille ou de son travail. Toutefois, le télétravail a récemment encouragé de nouvelles recherches avec le déménagement : des logements plus spacieux dans des cadres de vie plus agréables.

B. Vivre chez soi

1. Un toit : un choix, un droit ?

Le cadre de vie est un choix fondamental : c'est l'occasion d'exercer sa liberté selon des critères qui nous sont personnels. Il ne faut pourtant pas oublier que ce choix, comme tant d'autres, est cependant contraint par plusieurs facteurs. Comme l'explique Joséphine Lebard à propos de la ville de Clichy-sous-Bois[1] sur laquelle elle a enquêté, certains habitants restent car ils n'ont pas la possibilité de partir. Le montant

1. Joséphine Lebard et Bahar Makooi, *Une Année à Clichy, la ville qui rêvait qu'on l'oublie*, 2015.

des loyers ou des prix du foncier, l'entourage des proches (parents âgés, fratrie, amis...), les réseaux de transports et et la proximité du lieu de travail sont autant de facteurs qui conditionnent les choix d'emplacement où résider.

2. Être bien chez soi

Certains participants de « Recherche appartement ou maison », sur M6 font parfois grise mine devant des offres de logement qui correspondent pourtant totalement à leurs critères. Se sentir « chez soi » est bien plus subjectif qu'on ne le penserait. François Vigouroux[1] détaille les « forces souterraines et les relations passionnelles » qui unissent parfois les habitants avec leur lieu de vie. Le sentiment de protection, de sécurité sont des appuis psychologiques fondamentaux pour habiter et se sentir « bien chez soi ». Par ailleurs, l'habitation est un prolongement de nous-mêmes : la décoration, la disposition du mobilier sont des miroirs de notre personnalité.

C. Tout faire chez soi

1. Naissances à domicile

Seules 1 à 2 % des femmes décident d'accoucher à domicile. C'est peu mais c'est un choix motivé : l'envie d'un cadre familier autour de soi ; l'aspiration à un accouchement qui ne soit pas excessivement médicalisé ; le souhait, enfin, d'être « actrice de son accouchement » pour les femmes qui ressentent très négativement les projets d'hospitalisation. La maison est perçue comme un cadre rassurant pour celles qui font le choix d'accoucher chez elles.

2. Le télétravail à l'heure du COVID-19

Grand bureau ou coin bureau, immense pièce dédiée au travail ou table de cuisine... Sous les injonctions du gouvernement lors de la pandémie du COVID-19, il a été demandé aux Français de choisir le télétravail. Le ressenti est très contrasté entre ceux qui ont exercé leurs activités dans le confort et le calme et d'autres qui ont subi ce choix dans l'inconfort, le bruit et la promiscuité.

3. Coiffeur, kinés, soignants... soins à domicile

Sous l'effet d'une précarisation du travail et du recul du salariat, de nombreux travailleurs indépendants ont développé leur activité « à domicile » : c'est le cas des soignants (ostéopathes, kinés, sages-femmes ou infirmières libérales) ; mais c'est aussi

1. François Vigouroux, *L'Âme des maisons*, 1996.

le cas des coiffeurs. Plus pratique pour des personnes dont la mobilité est réduite, cette pratique occasionne aussi moins de frais pour les professionnels qui ont ainsi moins de charges à payer.

4. L'hôpital à la maison

Une grande majorité de malades plébiscitent l'hospitalisation à domicile. Elle permet, quand c'est possible, de rester dans un environnement familier et d'éviter les maladies nosocomiales (celles qui se contractent à l'hôpital). Elle coûte, par ailleurs, moins cher qu'une hospitalisation. Mais cette « HAD » a aussi des inconvénients : la famille doit, en effet, s'adapter à la visite quotidienne des professionnels de santé et parfois aider leur proche malade. Enfin, l'équipement peut aussi poser problème, quand il s'agit, par exemple, d'installer un lit médicalisé dans un logement minuscule.

5. Jusqu'au dernier souffle

Dernière étape de la vie, mourir chez soi est le souhait d'une grande partie de la population. Pourtant, 75 % des décès en fin de vie surviennent à l'hôpital. Jusque dans les années 1950, la grande majorité des Français mouraient chez eux. Le développement des services hospitaliers et des soins palliatifs, dans les années 1980, a accentué la prise en charge de la fin de vie à l'hôpital. Entre maintien à domicile et hôpital, la fin de vie est généralement marquée par des allers et retours entre ces deux ultimes lieux de vie.

D. « Restez chez vous » : l'expérience du confinement

1. L'expérience inédite

« Restez chez vous » : au plus fort de la pandémie, le confinement a marqué la fin de la vie sociale et professionnelle pour de nombreux Français. Avec cette expérience, le domicile a pris un nouveau rôle, celui de protéger chacun d'entre nous du virus. L'expérience a laissé des impressions mitigées. Certains ont apprécié de développer des activités domestiques : redécouverte de la cuisine, des jeux, du repos à la maison. D'autres ont jugé cette mesure infantilisante et liberticide.

2. Inégaux face au confinement

Bien évidemment, les difficultés du mal logement ont rendu ce confinement invivable pour certains résidents. Une famille de quatre personnes dans un studio de 25 m^2 subit fortement la promiscuité, un facteur de stress important. De même, les logements insalubres marqués par les moisissures ou l'humidité sont devenus invivables. Cette situation a également impacté les violences à domicile qui ont enregistré un bond de 20 % lors du premier confinement. Ainsi, le confinement a eu l'effet d'une « double peine » pour les mal-logés. À l'opposé, pour les mieux lotis, le confinement a pu être perçu comme une opportunité, voire une aubaine.

3. L'école à la maison : une inégalité de moyens

L'école à la maison a également mis en lumière de fortes inégalités entre les familles. D'un côté, ceux qui bénéficient d'un équipement correct (internet, imprimante, espace de travail dédié) et et de l'autre ceux qui n'en bénéficient pas. La capacité des familles à se substituer aux enseignants s'est également montrée comme un puissant révélateur d'inégalités : du CP à la 3e, les familles – les mères, surtout – ont dû chercher à aider leurs enfants à travailler. Pour ceux dont la culture de l'école est très éloignée de la culture familiale, le choc a été rude. En septembre 2020, de nombreux enseignants ont constaté le retard scolaire accumulé par les enfants défavorisés lors du confinement du printemps précédent.

E. Quitter sa maison

1. Partir du nid familial

23 ans, 24 ans : c'est l'âge moyen auquel les jeunes Français quittent le domicile familial pour voler de leurs propres ailes. Une forte disparité, cependant, marque ces départs entre ceux qui bénéficient encore du soutien financier de leur famille et ceux qui doivent s'assumer totalement. Les départs sont donc marqués par une certaine fragilité et de fréquents allers-retours, au gré des aléas professionnels qui marquent le début de carrière pour les jeunes adultes. Cumuls de stages, petits boulots, recours aux contrats courts : rien ne favorise un envol ferme et définitif.

2. Le syndrome du nid vide

Pour les parents, le départ de l'enfant devenu adulte est marqué par un sentiment parfois intense que les psychologues ont nommé « le syndrome du nid vide ». Avec ce départ, c'est toute une vie familiale qui se défait et se recompose : on organise les repas autrement, on attend moins son tour pour la salle de bains, il y a soudain moins de bruit dans la maison et plus de yaourts dans le frigo.

3. Le syndrome « Tanguy »

Mais certains s'accrochent et freinent des quatre fers cet envol loin du nid familial. Le film *Tanguy* réalisé par Étienne Chatiliez et sorti en 2001 raconte l'histoire d'un étudiant engagé dans de longues études et qui préfère rester dans le confort de la maison familiale avec ses parents qu'il adore. Il gagne pourtant bien sa vie. Pour le faire partir de la maison, ses parents utiliseront donc de nombreuses ruses. Il finit par se marier et partir vivre en Chine chez son épouse… et ses beaux-parents ! Le film illustre bien la difficulté des jeunes adultes à se défaire d'une vie confortable (mais infantilisante) pour se risquer à mener à leur tour leur vie d'adulte. Toutefois, la crise économique et sociale constitue un frein de taille à cet envol tant de fois repoussé.

4. Partir en EHPAD

Pour beaucoup de personnes, le départ en maison de retraite constitue une épreuve difficile de la vie. Le maintien au domicile est, en effet, majoritairement souhaité par les aînés. Mais quand ce maintien n'est plus possible, quand la dépendance est accentuée, le départ ou le placement en EHPAD se présente comme une obligation. Il est cependant vécu très différemment selon les situations. Certains investissent affectivement ce nouveau lieu de vie, se font des amis, s'impliquent dans les activités et maintiennent des liens avec leurs proches. D'autres subissent ce choix avec amertume et entretiennent la nostalgie de « leur maison ».

POUR ALLER PLUS LOIN

- *Sciences humaines*, dossier Vieillir : pour ou contre ?, avril 2015 Pascal Dibie, *Ethnologie du bureau*, 2021

➲ Focus sur… Sophie Chabanel, *Le Principe de réalité*, 2015

1. Le travailleur social dans la jungle des aides

Sophie Chabanel est diplômée d'HEC mais pour donner du sens à ses activités, elle décide de se consacrer à un travail à caractère social. Elle intègre donc une association lyonnaise chargée de trouver des logements à des personnes en difficulté. Mais dans ce domaine, rien n'est simple. Les aides ciblent un certain type de population mais pas d'autres. Elles sont possibles à certaines conditions mais parfois complexes, drastiques ou bien très contraignantes. Pour les travailleurs sociaux, il est parfois compliqué de s'y retrouver, pour les bénéficiaires, c'est parfois « mission impossible » !

2. Habiter, ça veut dire quoi ?

Dans son livre, l'auteure mentionne que les bénéficiaires de l'aide sociale, même SDF, refusent parfois des logements pourtant décents. Leurs motifs peuvent paraître surprenants : la présence ou l'absence de transports, de commerces, d'écoles à proximité. L'éloignement ou, au contraire, la promiscuité avec des proches peut également constituer un frein conduisant au refus du logement proposé. Quelle que soit notre condition sociale, le choix du logement repose sur une série de facteurs parfois très subjectifs.

3. Un titre explicite : Le principe de quelle réalité ?

L'auteure emprunte à Freud la distinction qu'il opère entre le « principe de plaisir », qui répond à nos aspirations personnelles profondes et « le principe de réalité », dans lequel les contraintes extérieures viennent limiter nos rêves. Le choix du logement est évidemment tiraillé entre ces deux extrêmes : il y a le logement dont on rêve et celui qui est disponible et accessible.

➲ Focus sur… *Le Retour au désert*, B.M. Koltès, pièce de théâtre de 1988

1. L'histoire de *Retour au désert*

Dans cette pièce, Adrien reçoit sa sœur Mathilde dans la maison familiale dont elle a reçu l'héritage. Mathilde revient d'Algérie avec ses enfants, où elle a passé de nombreuses années. Ses enfants vivent selon des principes éducatifs plutôt souples, tandis qu'Adrien a du mal à laisser de la liberté à son fils, Mathieu, qui essaie, pour sa part, d'échapper à l'emprise de son père.

2. La scène-clé de *Retour au désert*

À l'acte I, la scène 4, intitulée « Mathieu s'engage » présente un dialogue tendu entre Adrien, le père et Mathieu, son fils. Ce dernier annonce à son père qu'il veut s'engager dans l'armée et combattre en Algérie. Mais son père essaie de l'en dissuader en multipliant des raisons qui sont plutôt des prétextes. Le fils reste inflexible mais se trouve vite à court d'arguments, ce qui renforce la dimension pathétique du dialogue.

3. La citation

Mathieu – « *Je veux voyager.* »

Adrien – « *Voyage de ta chambre au salon, du salon au grenier, du grenier au jardin. Mathieu, mon fils, tu as la tête dérangée ce matin.* »

4. L'analyse de la pièce

La maison serait-elle une prison dorée ? Dans cette pièce, le père entend garder son fils sous son aile et la maison familiale devient ainsi un lieu de réclusion. La peur de l'extérieur, la peur de voir grandir ses enfants, la peur du « nid vide » se manifestent dans cet extrait.

➲ Focus sur… *Into the Wild*, un film de Sean Penn, 2007

1. L'histoire de *Into the Wild*

Ce film est l'adaptation du livre *Into The Wild*, de Jon Krakauer, qui raconte l'histoire authentique de Christopher McCandless, un jeune Américain qui a décidé de partir vivre en pleine nature. Inspiré de ses lectures, il renonce à sa poursuite d'études, fait une donation de ses économies à une association caritative et part « en pleine nature », en Alaska.

2. Le secret du père

Dans le film, le spectateur prend conscience des motivations de Christopher : s'il est bien attiré par la vie au grand air et par le contact avec la nature, il est aussi tenté de fuir une famille dont les mensonges le répugnent. Son père mène une double vie dans deux foyers et il le cache. Découvrant ce secret, Christopher décide de partir loin d'une famille qui se résume à des mensonges. À noter : si Jon Krakauer a ouvertement abordé ces motifs dans son livre, le réalisateur Sean Penn a préféré rester assez allusif sur ce point dans son film, mettant davantage en lumière le dégoût de Christopher pour la civilisation américaine et la société de consommation.

3. L'analyse du film

La maison : une famille, ses secrets, ses enfants et leurs choix. En renonçant à rester près des siens, Christopher leur renvoie leurs paradoxes et leur hypocrisie. En faisant le choix radical de la liberté, il tourne aussi le dos à la société qu'il juge corrompue par de fausses valeurs. Ses auteurs de prédilection, parmi lesquels Henry David Thoreau et Jack London, véhiculaient déjà ces idées à la fin du XIXe siècle et au début du siècle suivant.

Testez-vous !

1. Cochez la bonne réponse

		A	B	C
1	On dit « … la crémaillère »	Tirer	Sonner	Pendre
2	Combien de femmes veulent accoucher à domicile ?	Moins de 3 %	Environ 5 %	Plus de 10 %
3	Comment se nomment les soins hospitaliers à la maison ?	HAD (Hospitalisation à domicile)	SHM (Soins hospitaliers à la maison)	SAM (Soins à domicile)
4	Quel est le pourcentage de décès au domicile ?	30 %	75 %	90 %
5	A quel âge en moyenne quitte-t-on la maison ?	24 ans	25 ans	27 ans

2. Reliez les auteurs à leurs œuvres ou réalisations

Sophie Chabanel	1	a	*Le Retour au désert*
B.M. Koltès	2	b	*Ethnologie du bureau*
Sean Penn	3	c	*Tanguy*
Pascal Dibie	4	d	*Into the Wild*
Étienne Chatiliez	5	e	*Le Principe de réalité*

Chapitre 8

Home sweet home !

La maison idéale existe-t-elle ? Y a-t-il une maison qui fasse l'unanimité ?

A. Ma maison de rêve

1. La maison idéale, une aspiration universelle

La maison idéale, tout le monde y aspire. Elle symbolise un point d'ancrage où se poser, où se reposer, où vivre avec les siens mais aussi un lieu pour se retirer. La maison de rêve incarne le modèle du bonheur familial. On y envisage une vie familiale constituée d'activités collectives où règne le bonheur d'être avec les siens. On y envisage également un « coin pour soi » dans lequel on pourra être seul. On voit ainsi se dessiner ce lieu idéal entre intimité, collectivité sélective et promesse de réalisation de soi.

2. Une idéalisation détachée du réel

Comme d'autres rêves, la maison idéale n'est peut-être qu'une illusion. Certains passent une vie entière à la rechercher, en vain. La réalité vient parfois se heurter à l'idéal. Le prix, l'emplacement, la qualité des matériaux ou des fondations sont de cuisants rappels à la réalité. Sans oublier que la maison nécessite un entretien régulier sans lequel la maison de rêve se détériore progressivement... Autre obstacle à l'idéalisation : le rêve de la maison idéale d'hier n'est pas celui de demain. Quand la famille s'agrandit, l'idéal, c'est une maison plus grande. Alors, la maison « idéale » envisagée aujourd'hui le sera-t-elle encore demain ?

B. La maison, objet de nostalgie

Loin de chez soi, la nostalgie guette. Montaigne racontait ainsi le puissant ressort de la nostalgie pour des voyageurs éloignés de chez eux. Ce qui est vrai de leur patrie l'est aussi de leur maison. En effet, en comparaison avec l'instabilité et le nomadisme liés au voyage, la maison apparaît comme une sécurité fondamentale et ce point d'ancrage sédentaire entretient regret et nostalgie.

C. Nostalgie d'une maison ou d'une époque ?

Certains entretiennent un lien affectif particulier avec leur maison d'enfance. Ils se refusent à la vendre même quand cette maison est devenue « un poids » financier ou matériel. Dans son livre *L'Âme des maisons*, François Vigouroux évoque ainsi une fratrie qui se déchire au sujet de la maison familiale : la vendre ou la garder ? Personne ne parvient à se mettre d'accord. L'auteur porte un regard de psychanalyste sur le sujet. D'après lui, personne ne souhaite vendre cette maison car cela maintient chacun dans une relation au corps de la « mère » (la « maison mère »). Une fois vendue, la maison ferait disparaître la relation familiale et les liens à l'enfance.

D. Résidences secondaires

En plein essor durant les Trente Glorieuses et au-delà (entre 1950 et 1990, environ), les résidences secondaires ont connu un franc succès auprès des Français. Le déclin s'est ensuite amorcé en raison de la crise économique mais aussi parce que la tendance à se loger en périphérie des grandes agglomérations a gommé la frontière entre ville et zone rurale. Les résidences secondaires ont aussi perdu de leur intérêt avec le développement de la mobilité (location de meublés touristiques, billets d'avion low cost). La résidence secondaire a vu ses inconvénients réduire son attractivité (assurance, impôts fonciers, entretien coûteux).

POUR ALLER PLUS LOIN EN CHANSONS

- « Ma maison de rêve », Ricet Barrier
- « La Maison du bonheur », Francis Lalanne

➲ Focus sur… « Le retour à la maison », un thème phare au cinéma

Un thème classique du grand écran : le retour du guerrier

Dans la « vraie » vie, revenir chez soi après une longue absence est souvent une expérience troublante. Tout est à la fois familier, conforme aux souvenirs, mais tout est aussi étrangement nouveau. Sur grand écran, de nombreux films ont abordé ce thème du retour à la maison.

1. *Légitime violence*, John Flynn, 1977

Charles Rane est de retour du Vietnam. À la maison, c'est un accueil en demi-teinte… Des voleurs attaquent sa famille pour lui voler les pièces d'argent qu'il a reçues en cadeau. Sa femme et son fils sont tués lors de l'agression. Lui a perdu l'usage d'une main. Il jure de se venger de cette attaque. Alors qu'il croyait avoir vécu le pire au Vietnam, ce personnage doit affronter la sauvagerie du monde soi-disant « civilisé ».

2. *Né un 4 juillet*, Oliver Stone, 1988

Quand Ron Kovic rentre chez lui de la guerre du Vietnam, il est soulagé de retrouver ses parents mais rien n'est plus comme avant. Alors qu'il était patriote et soutenait les choix de son pays, il voit bien le vent tourner en faveur de la paix. Surtout, il a perdu l'usage de ses jambes et il manœuvre difficilement son fauteuil dans sa chambre de jeune homme. Sa réadaptation est violente.

3. *Le Retour de Martin Guerre*, Daniel Vigne, 1982

Quand Martin Guerre rentre chez lui après plusieurs années d'absence, il retrouve son village et son épouse. Mais le doute s'immisce concernant son identité : et s'il se faisait passer pour un autre ? Des villageois doutent tant et si bien qu'une condamnation à la guillotine attend le malheureux.

➲ FOCUS SUR... *UP IN THE AIR*, UN FILM DE JASON REITMAN, 2009

1. L'histoire de *Up In The Air*

Ryan Bingham aime son travail : il sillonne les États-Unis pour aller annoncer à des salariés qu'ils sont licenciés. Nullement gêné par le cynisme de sa mission, Ryan Bingham n'a qu'une seule obsession : collecter toujours plus de points "Miles" en enchaînant les vols d'avion. Cela tombe assez bien car il doit y passer l'essentiel de son temps de travail, qui se superpose, chez lui à sa vie. Mais un jour, il rencontre une jeune collaboratrice qui vient perturber et même menacer sa petite routine.

2. D'une vie en avion...

Le romancier Walter Kirn, dont le roman a été adapté par Jason Reitman, dépeint des personnages cyniques dans une fable sociale qui reflète bien notre époque à travers ses tendances et ses valeurs. Avec la densification du trafic aérien dans les années 1990-2020, une extrême mobilité se développe à l'échelle internationale. Les personnages dont il est ici question ont des vies entièrement vouées au déplacement : leurs semaines se passent d'un aéroport international à l'autre.

3. ... à une vie sans maison !

Très logiquement, leurs familles étant lointaines, ils n'accordent pas beaucoup d'importance à leur domicile. Ce lieu ne leur est d'aucune utilité, bien au contraire. Jason Reitman montre des vies à la fois marquées par la légèreté et le charme grisant du mouvement incessant. En vivant continuellement dans des chambres d'hôtels d'aéroports, ces personnages expérimentent à la fois le confort et une liberté extrêmes. En revanche, à défaut d'ancrage, ils tendent à une certaine superficialité.

➲ Focus sur deux émissions TV : « Maison à vendre » et « Chasseurs d'appart »

1. « Maison à vendre »

« *Votre maison, vous l'aimez, vous y avez vu grandir vos enfants* »... L'émission de Stéphane Plaza connaît un immense succès depuis sa création sur M6 en 2007. Le concept en est simple : des vendeurs en difficulté pour vendre leur maison font appel à l'équipe de l'émission. Une fois sélectionnés, ils accueillent l'animateur et une décoratrice d'intérieur dont l'objectif est de mettre leur bien en valeur. Remise au goût du jour et fixée au meilleur prix, la maison trouve généralement un acquéreur.

2. « Chasseurs d'appart »

Trois agents immobiliers s'affrontent pour dénicher le meilleur bien pour des candidats qui ont exposé leur recherche. Chaque agent part alors à la recherche de la perle rare en tenant compte des critères et des budgets des candidats. Les candidats découvrent et visitent les biens sélectionnés par les agents. L'agent qui sera sélectionné pour son bien remporte une prime.

3. Stéphane Plaza : pourquoi tant de succès ?

Un animateur sympathique et facétieux, des transformations d'espace domestique parfois spectaculaires et des candidats parfois pittoresques : ces émissions ont d'emblée de quoi séduire le téléspectateur. Autres raisons du succès : il est facile de s'identifier à des candidats attachés à leur maison ou au bien de leur rêve.

➲ Focus sur… *Goodbye Lenin*, un film de Wolfgang Becker, 2002

1. Résumé du film *Goodbye Lenin*

Une femme, fervente militante communiste allemande tombe dans le coma en voyant son fils se faire frapper par les forces de police. Elle se réveille des années plus tard. Entre temps, son pays a tourné une page de son histoire et est devenu capitaliste. Afin de la préserver d'un choc trop violent, son fils a reconstitué dans leur appartement l'environnement familier de l'Allemagne d'avant la chute du mur de Berlin, tel que sa mère l'a toujours connu.

2. Une maison « comme à l'époque de la RDA »

Avec humour, *Goodbye Lenin* montre les deux aspects de l'Allemagne avant et après la chute du mur en 1989. Une grande partie du film est consacrée à la reconstitution de l'appartement à l'époque de la RDA : il faut garder les couleurs du papier peint, trouver les bocaux à cornichons de l'époque, conserver le mobilier d'origine, bref, garder la maison telle quelle, ce qui s'avère compliqué.

3. Changer la déco ou rester dans le passé ?

Le film de Wolfgang Becker nous montre combien une maison, à travers sa décoration, son mobilier et même son linge sont le reflet d'une époque. Ce qui est très visible pour les Allemands qui ont vécu un avant et un après très nets dans leur histoire l'est aussi pour nous mais de manière moins flagrante, avec l'évolution des tendances et du design.

Testez-vous !

1. Vrai ou faux ?

		V	F
1	Montaigne a évoqué la nostalgie des voyageurs loin de chez eux.		
2	John Flynn a réalisé le film *Né un 4 juillet.*		
3	François Vigouroux a écrit *L'Âme des maisons.*		
4	Oliver Stone a réalisé *Le Retour de Martin Guerre.*		
5	Le « syndrome du nid vide » concerne les personnes qui ne reconnaissent plus leur environnement.		

2. Cochez la bonne case

		A	B	C
1	Les résidences secondaires ont toujours du succès.	Vrai !	Faux !	Cela dépend.
2	Un film de Wolfgang Becker	*Goodbye Lenin*	*Goodbye Stalin*	*Goodbye Khroutchev*
3	Émissions de Stéphane Plaza	Maison à vendre	Studio à louer	Chasseurs d'appart
4	Un film de Jason Reitman	*Up in the air*	*Légitime Violence*	*Down in the basement*

Chapitre 9
Cette maison où tout va mal

La maison, refuge ou lieu de séquestration ? Protéger les siens de l'extérieur : oui mais jusqu'où ? Peut-on déjouer les drames familiaux ?

A. La maison, du rêve au cauchemar

1. Une maison ASSOURDISSANTE !

Certaines maisons de rêve se révèlent de réels cauchemars. Dans sa comédie *Nous irons tous au paradis*, en 1977, le réalisateur Yves Robert imagine l'histoire d'un groupe d'amis faisant l'acquisition d'une belle maison de campagne qu'ils achètent ensemble pour un prix dérisoire. Ce n'est que plus tard que l'enfer se révèle à eux : ils ont acheté cette belle maison au moment de la grève des transports aériens. Maintenant que le trafic a repris, les avions rasent la maison à longueur de journée dans un bruit infernal. Cette fiction drôlissime est, hélas, la réalité des habitants des zones aéroportuaires dont la pollution sonore s'accentue toujours un peu plus, provoquant dépression, maux de tête et troubles auditifs.

2. Aïe ! Les accidents domestiques

Chutes (escaliers, escabeau), brulures (gaz, plaques chauffantes), intoxication par le plomb ou au gaz carbonique ou plus fréquemment encore noyades et électrocution : la maison est un lieu dangereux. Les personnes les plus exposées sont les personnes âgées et les enfants en bas âge. La maison doit donc être aménagée en fonction des âges de chacun de manière à offrir un maximum de sécurité.

3. Ma maison sous 1 mètre d'eau !

Comme dans l'histoire des *Trois Petits cochons*, la solidité de la maison est parfois mise à rude épreuve. Non pas quand le loup l'attaque mais quand la fureur du ciel s'acharne dessus. Les catastrophes climatiques portent un coup rude sur les maisons. Dans la région sud-est de la France et sur certains littoraux atlantiques, de violentes tempêtes ont endommagé de grandes zones résidentielles. À titre d'exemple, Vaison-la-Romaine a connu une inondation historique en 1992 faisant de nombreuses victimes. 70 habitations furent rasées à l'issue du drame. En 2010, la tempête Xynthia inonde le littoral de La Faute-sur-Mer : là encore, les victimes se comptent par dizaines et les dégâts sont considérables. Certaines habitations étaient construites en zone inondable.

4. « Au voleur ! » : les cambriolages

« On a eu l'impression d'un viol ! », tel est généralement le ressenti exprimé par celles et ceux qui subissent une visite à domicile avec effraction et vol. Ils sont environ 300 000 Français à vivre cette douloureuse expérience chaque année, un chiffre en baisse significative en 2020 avec le confinement et une présence plus importante des habitants chez eux. Il reste que les cambriolages empoisonnent la vie des résidents et qu'ils enrichissent les vendeurs d'alarmes et de portes sécurisées.

B. La maison où tout va mal

Dans d'autres cas malheureusement fréquents, c'est la construction de la maison qui est en cause et qui menace les fondations.

1. Quand les murs se lézardent

Matériaux bas de gamme, ouvriers incompétents, architectes douteux ou promoteurs immobiliers sans scrupule, les sources de « maisons en danger » se situent parfois dans la conception même des maisons. Ces défauts se nomment des « malfaçons » et elles engagent des responsabilités professionnelles. Quand les murs d'une maison récente ou neuve se lézardent, que l'installation d'électricité ou de plomberie se détériore, les assureurs et les experts en assurance font leur apparition. Mais pour déterminer des responsabilités et leur coût parfois important, les opérations sont longues et désespèrent les occupants, surtout quand les malfaçons concernent les résidences principales !

2. Du merveilleux plan à la réalité décevante

À Neuilly-sur-Marne, en 2020, les habitants du Parc de la Maison Blanche ont exprimé leur colère et leur déception. Ayant acheté leur appartement sur plan, ils s'aperçoivent que rien ne correspond à ce qu'on leur a promis. Cet immense pavillon, vestige d'un ancien hôpital psychiatrique, doit, à terme, accueillir environ 4 000 logements. Mais le compte n'y est pas : pas d'écoles, pas de commerces et la promesse du prolongement de la ligne 11 n'est plus qu'un vague souvenir. Les acheteurs « sur plan » prennent un risque : qu'on leur vende du rêve et que la réalité les rattrape le jour de l'emménagement. Quant aux recours, ils sont longs et difficiles à obtenir…

3. Quand la maison s'effondre

À Marseille, rue d'Aubagne, en novembre 2018, un effondrement d'immeubles fait 8 victimes et met au jour le problème de vétusté de certains immeubles du centre-ville. Le mauvais état des bâtiments avait pourtant été signalé par les occupants. Le bailleur social Marseille Habitat était propriétaire d'un des deux immeubles mais la catastrophe est survenue avant la prise en charge du problème.

C. Rester enfermé chez soi

Certains décident délibérément de ne plus jamais sortir de chez eux et réduisent au minimum leurs contacts avec l'extérieur.

1. Le cas des hikikomori

Au Japon, des jeunes restent cloîtrés dans leur chambre. Ils ne sortent plus ou très peu, passent leur temps en ligne sur leur ordinateur et refusent tout contact avec l'extérieur. Les raisons tiennent souvent à un échec scolaire ou à des difficultés d'insertion sociale. Dans une société qui fait une place centrale à la respectabilité, les parents, honteux de demander de l'aide et peu sûrs d'en trouver deviennent complices de l'enfermement de leur enfant. 500 000 à un million de jeunes seraient concernés et le phénomène toucherait d'autres continents comme l'Europe. La crise sanitaire de 2020 aura sans doute accentué le phénomène en France et ailleurs…

2. Qui sont les survivalistes ?

Les survivalistes sont convaincus d'une fin du monde imminente. Ils s'organisent donc pour survivre à la catastrophe : ils aménagent un « bunker », y entreposent des vivres, du matériel de survie et parfois des armes. Le personnage incarné par John Goodman dans *10 Cloverfield Lane* de Dan Trachtenberg donne une idée juste de ce profil de personnes : paramilitaires, solitaires et surtout extrêmement méfiants du reste du monde. L'isolement et l'inquiétude face à tous les dangers entretiennent les survivalistes dans leurs certitudes.

3. Le syndrome de Diogène : enseveli sous ses déchets

L'isolement conduit certains à d'autres extrémités. Le « syndrome de Diogène » est un trouble du comportement dans lequel les occupants de la maison ne sortent plus ; ils entassent leurs biens et accumulent leurs ordures sans jamais faire ni le tri ni le ménage. Ils peuvent aller jusqu'à s'emmurer vivants sous leurs déchets. À l'origine, un simple choix parfois justifié (« ne rien jeter, cela peut servir »), l'accumulation devient compulsive et dangereuse pour l'hygiène. Ce sont souvent les services sociaux qui interviennent après le signalement du voisinage.

D. Garder les autres enfermés

Rien ne peut empêcher les survivalistes de rester cloîtrés chez eux si leurs convictions les y poussent. Mais ces choix extrêmes impliquent parfois d'autres personnes, notamment la famille et la situation se complique alors.

1. Espace de réclusion

La situation devient plus compliquée quand les survivalistes contraignent leur famille à se cloîtrer, ce qui arrive souvent. Ce type de situation apparaît régulièrement dans la rubrique des faits divers. Déscolarisation, désocialisation, menace psychologique et physique… les séquelles sur les enfants sont généralement graves et profondes. Quant aux causes, elles relèvent le plus souvent d'un isolement social préoccupant et d'une grande fragilisation des adultes après des drames personnels (décès, perte d'emploi…).

2. Les esclaves domestiques

Difficile à quantifier, l'esclavage domestique concerne des personnes contraintes de travailler au domicile d'une personne qui abuse de son pouvoir et de son autorité. Le Comité contre l'Esclavage moderne fait état des nombreux abus en la matière : privation des papiers d'identité, sous-alimentation, violence psychologique et physique… Les exploiteurs viendraient de tous les milieux et de toutes les classes sociales. Les victimes, elles, sont souvent étrangères ; venues en France avec la promesse d'un travail ou d'une scolarité émancipatrice, elles se retrouvent enfermées et corvéables à merci. Il est difficile de venir en aide aux victimes car les secrets sont bien gardés derrière les portes closes.

E. Au seuil de la porte : les drames familiaux

Derrière la porte de la maison se jouent aussi des drames, ceux de la maltraitance.

1. Le secret bien gardé de la maltraitance infantile

La maison est aussi le lieu de la maltraitance familiale. Plus de 10 % des Français disent avoir subi des mauvais traitements dans leur famille quand ils étaient enfants. Ces drames se déroulent généralement dans le haut lieu secret du domicile. La culture du silence qui entoure ces drames et la difficulté des services sociaux à les déceler sont de sérieux obstacles à leur prise en charge.

2. Domicile et violence conjugale

En grande majorité, ce sont des femmes qui subissent les violences physiques et psychologiques de leurs compagnons. Elles étaient 149 à avoir été tuées en 2019 et le confinement a fait exploser le chiffre des appels de détresse. La maison est le lieu du pouvoir domestique et des abus de pouvoir. Tout aussi sordide, la maltraitance des personnes âgées et ou handicapées agit dans l'ombre des maisons.

F. Des fantômes dans ma maison

1. Les incontournables

Dans la littérature enfantine comme au cinéma, le thème de la maison hantée occupe une place de choix. Citons *The Conjuring*, d'après des faits réels, le légendaire *Amityville* ou les plus plaisants *Beetlejuice* de Tim Burton et *Fantômes contre fantômes* de Peter Jackson. Le genre ne s'éteint pas car la maison propose beaucoup de ressources dramatiques aux scénaristes et aux réalisateurs : un lieu, un cadre et des personnages. Tout ce qu'il faut pour constituer des histoires qui tiennent le spectateur en haleine !

2. Les constantes de la maison hantée

La maison hantée présente toujours les mêmes caractéristiques : elle est habitée par des fantômes. Son passé est particulier (elle est construite sur un ancien cimetière ou bien des drames atroces ont eu lieu entre ses murs). La maison hantée fait revivre son passé et elle présente une force maléfique menaçante pour ses nouveaux occupants.

3. Un mythe significatif

Loin d'être anodine, la maison hantée incarne la persistance de la mémoire dans un cadre moderne. Elle est un lieu où se revivent les peurs et le désespoir de victimes incomprises. Les fantômes manifestent la présence indicible de ceux que l'on a trop tôt oubliés. Les forces du mal, enfin, personnifient la terreur de ceux qui ne l'expriment pas. En somme, la maison hantée est le porte-parole matériel des laissés pour compte qui continuent à se rappeler à nos mémoires. La maison hantée signale des deuils inaccomplis et des mémoires traumatiques.

POUR ALLER PLUS LOIN

- *Virgin Suicides*, un film de Sofia Coppola de 1999

➲ Focus sur... Trois romans traitant de drames familiaux

1. *L'Amour et les forêts*, un roman d'Eric Reinhardt, 2014

Chez elle, Bénédicte doit subir son mari. Il est soupçonneux et jaloux, il la harcèle. Elle tente de s'isoler autant que possible mais il ne la laisse jamais en paix et il réussit à monter les enfants contre elle. Bénédicte est pourtant brillante et indépendante, elle travaille mais, à la maison, elle reste prisonnière d'une relation conjugale empoisonnée, dont l'issue lui sera fatale. Ce livre raconte l'extraordinaire puissance de l'emprise familiale.

2. *La Maladroite*, un roman d'Alexandre Seurat, 2015

Ce livre est inspiré d'un fait divers particulièrement dramatique : Marina Sabatier est une petite fille qui est morte sous les coups de ses parents en 2009. Ce drame réel est relaté par Alexandre Seurat dans une suite de monologues de l'entourage familial ou scolaire de Marina. Ce roman montre l'inefficacité des signalements et les stratégies de la famille pour brutaliser l'enfant en toute impunité. Ainsi, la famille déménageait très souvent pour échapper aux services sociaux.

3. *Les Loyautés*, un roman de Delphine de Vigan, 2018

Les parents de Théo ont divorcé. Sa mère vit dans le ressentiment et l'amertume, son père est muré dans le silence. La violence est latente : à la maison, les rideaux restent fermés, le dialogue est rare et tendu. La maison est désinvestie, en désordre, à l'image de la famille. Théo entraîne son ami Mathis dans des échappatoires dangereuses. Une enseignante de Théo se doute que quelque chose ne va pas mais elle se heurte à plusieurs obstacles pour comprendre ce qui se passe chez lui ; elle est, elle aussi, victime de son passé.

➲ Focus sur... une nouvelle de Marie Darrieussecq, « Noël parmi nous », tiré du recueil *Zoo*, publié en 2006

1. L'histoire de « Noël parmi nous »

Sur les conseils de sa mère, la narratrice de cette courte nouvelle décide de prendre quelques jours de congés dans la maison de vacances familiale. Elle est vaguement lasse de sa vie, de son mari, de son travail et n'a plus goût à grand-chose. Arrivée sur place, elle doit remettre la maison en marche, ouvrir les volets, découvrir les meubles. Elle s'aventure dans les pièces qui restituent petit à petit les liens familiaux passés jusqu'au retournement final… Avant cela, la maison dévoile son histoire en filigrane à travers la découverte des pièces et des objets : des vestiges réactivés par le souvenir de celle qui fut.

2. L'analyse de la nouvelle

Pour traverser sa vie avec aussi peu d'accroches et visiter sa maison de vacances comme une ombre, la narratrice ne révèle son vrai statut au lecteur qu'à la fin du récit. Le regard qui embrasse le grenier se pose sur des vêtements qui ont été portés ou sur le lit dans le grenier qui a servi de chambre. « Noël parmi nous » est une nouvelle qui évoque avec une teinte impressionniste la permanence du souvenir sous la forme d'une ombre. La maison se révèle le témoin muet de l'histoire familiale. Les pièces parlent, les objets signifient des évènements.

➲ Focus sur… *Génération RX*, un film d'Arie Posin, 2004

1. L'histoire du film

Dans une riche bourgade américaine, on assiste aux tranches de vie de jeunes lycéens alors que l'un d'entre eux vient de se suicider. Dans ce milieu, les parents et les enfants vivent des existences en parallèle, sans lien réel, chacun menant sa vie sociale comme il l'entend. Les parents sont absorbés par leurs carrières professionnelles ou leur réussite sentimentale, les enfants sont focalisés sur leurs jeux virtuels et leur consommation de dopants. Autour d'eux, leurs riches villas les tiennent à l'abri du reste du monde et de toute préoccupation étrangère.

2. Les « Gated Communities »

Dans ce film, le malaise est palpable : les jeunes vont mal. Ils cohabitent avec leurs parents, sans dialogue, sans vie commune, chacun dans la ligne droite de sa réussite personnelle. Sans maltraitance mais dans un abandon de tout partage et de toute transmission, les familles cachent un désarroi important. Les résidences surveillées entretiennent le culte de l'image de soi : il convient de se montrer sous son meilleur aspect ; quant au voisinage, il offre un effet miroir à chacun.

3. L'analyse du film

Comme d'autres œuvres (par exemple *Men, Women and Children* de Jason Reitman ou le roman *Sauvagerie* de J.G. Ballard), *Generation RX* montre que ces résidences sécurisées favorisent un entre-soi malsain. Les rapports sociaux y sont aseptisés, faussés par une constante recherche de façade narcissique et une surveillance de tous les instants. Ces lieux richissimes sont synonymes de vies superficielles et de culte de soi dont les plus fragiles souffrent en secret, jusqu'au drame.

Testez-vous !

1. Associez les éléments des deux colonnes

Marseille, rue d'Aubagne	A	1	Inondations
Survivalisme	B	2	Claustration volontaire
Vaison-la-Romaine	C	3	Bruits d'avions
Nous irons tous au paradis	D	4	Effondrement d'immeubles
Hikikomori	E	5	Suréquipement en vue d'une soi-disant fin du monde

2. Qui est l'auteur de ces œuvres ?

		A	B
1	*Beetlejuice*	Tim Burton	Peter Jackson
2	*Fantômes contre fantômes*	Peter Jackson	Tim Burton
3	*10 Cloverfield Lane*	P. Jackson	D. Trachtenberg
4	*L'Amour et les forêts*	D. de Vigan	Eric Reinhardt
5	*La Maladroite*	Seurat	Arie Posin
6	*Les Loyautés*	M. Darrieusecq	D. de Vigan
7	*Generation RX*	Arie Posin	D. Trachtenberg
8	« Noël parmi nous »	Eric Reinhardt	M. Darrieusecq

Chapitre 10

Ma maison, son confort et son équipement

Jusqu'où aller dans le confort domestique ? Le suréquipement de la maison est-il la clé du bonheur ?

A. Évolution de l'habitat des classes populaires et ouvrières

1. La reconstruction d'après-guerre

À l'issue de la Seconde Guerre mondiale, la France, comme beaucoup d'autres pays, est à reconstruire : 400 000 immeubles ont été détruits, plus de deux millions sont abîmés. Il faut reconstruire et vite, pour reloger les familles qui s'abritent temporairement dans des baraquements. La ville de Brest a consacré une exposition de cette transition avec la vie « en baraques ». Les logements de la fin du XIXe siècle sont rénovés et des HLM s'érigent un peu partout sur le territoire.

2. L'essor du « confort moderne »

Ces constructions répondent à des normes qui concernent la sécurité, le budget et des notions de confort émergent peu à peu, comme la taille minimale d'une chambre (9 m^2). La distribution de l'eau et de l'électricité se généralise et devient un nouveau standard de construction. L'équipement en téléphone viendra rapidement à la suite, d'abord petit à petit puis plus vite : entre 1945 et 1975, les logements s'équipent. Mais pour Internet, le câble et la fibre, il faudra attendre les années 1990.

B. L'impulsion des Trente glorieuses

1. Les débuts de l'électroménager

À l'intérieur des logements, les foyers s'équipent aussi. Ce sont les débuts de l'électroménager. Le réfrigérateur est une innovation extraordinaire car il va améliorer la conservation des aliments et simplifier l'approvisionnement. Parallèlement, les supermarchés et hypermarchés se développent un peu partout. C'est une révolution dans les modes de vie. Le Salon des arts ménagers de 1956[1] donne une idée de la formidable attirance des Français pour ces appareils domestiques.

2. L'émancipation de la femme au foyer

Le four électrique et la machine à laver vont considérablement simplifier la vie de la maîtresse de maison. Cela tombe bien car les femmes commencent à travailler et à s'émanciper du foyer. Le slogan de la firme Moulinex n'est-il pas « Moulinex libère la femme » ? Dans les années 1960, les femmes font des études plus longues et s'émancipent du foyer en accédant au marché du travail. En 50 ans, les corvées ménagères se sont considérablement allégées. À la sortie des villages de France, on trouve encore les « lavoirs » dans lesquelles les femmes faisaient des lessives collectives au début du XXe siècle. Désormais, la machine à laver simplifie et individualise cette coûteuse activité.

C. La maison connectée

1. Internet chez moi

Au milieu des années 1990, l'équipement numérique se généralise dans les foyers. Tandis que le téléphone fixe perd peu à peu son utilité au profit du téléphone portable, l'accès à Internet se développe, d'abord progressivement puis massivement. En 2019, 85 % des foyers ont un accès à Internet. Cette répartition reste néanmoins inégale et quelques « zones blanches » persistent sur le territoire, privant certains Français d'accès au numérique.

2. Le développement de la domotique

La révolution des années 2000 est numérique. L'accès à Internet se développe, parallèlement au développement des objets connectés. On appelle « domotique » les appareils ménagers connectés à Internet. Et tous les appareils s'y mettent. On n'en fera pas l'inventaire, qui serait trop long, mais mentionnons tout de même que la machine à coudre a pris un vrai coup de jeune en se connectant : vous téléchargez le patron de votre choix, vous installez fil et tissu et… la machine fait le reste !

3. « *Alexa, allume la TV !* »

Alexa®, Siri®, Google® : nous sommes désormais passés aux assistants vocaux. On peut rester dans son canapé et donner des ordres à l'assistant vocal pour exécuter les tâches des appareils ménagers habituels et même nous donner des informations. Si

---

1. https://m.ina.fr/video/CAF88046538/visite-au-salon-des-arts-menagers-video.html.

la maison 100 % connectée reste rare en 2021, elle incarne la tendance de demain et pourrait très rapidement se généraliser. La télésurveillance du domicile est impactée en premier lieu mais rien ne semble échapper à l'emprise des objets connectés et des assistants vocaux !

4. Je dialogue avec ma maison !

Mais quel impact ont sur nous ces objets que nous pouvons commander à la voix ? Le dialogue qui était le propre des humains se partage désormais avec les objets numériques. Ce qui différenciait jusqu'ici les humains des animaux et des objets (la capacité de parole) s'efface désormais au profit d'un dialogue avec les machines. La porte est ouverte à leur personnification : qui dit « parole » dit « émotions ». Alors, demain, la maison sera-t-elle un interlocuteur comme ses habitants ?

5. Ces objets domestiques qui vous espionnent

Outre ce statut devenu flou, les machines connectées enregistrent nos données, nos activités et nos rythmes de vie. Leur intrusion dans la vie intime du foyer pose un certain nombre de questions car le stockage de ces informations est méconnu. Leur exploitation reste également un sujet de réflexion majeur. En effet, les objets connectés pourraient bien devenir des espions domestiques connaissant chacun de vos faits et gestes.

D. Bien chez soi sans confort

Partant du principe que le « Progrès » les mènerait « par le bout du nez », certains font le choix de vivre sans confort.

1. Diogène, un philosophe « anti confort »

Au ve siècle avant J.-C., le philosophe Diogène incarne bien ce refus du confort. Il appartient au courant des « cyniques » qui aiment rudoyer leurs concitoyens pour leur ouvrir les yeux sur certaines idées. Ainsi, Diogène vivait dans un tonneau. On dit que quand Alexandre le grand, inquiet de sa misère, lui demanda ce qu'il pouvait faire pour lui ; Diogène se contenta de lui dire « ôte-toi de mon soleil ». Il possédait une écuelle avec laquelle il allait boire à la fontaine. Mais un jour, voyant un enfant boire en creusant ses mains, il jeta son écuelle, comprenant qu'il n'en avait pas besoin.

2. Les Amishes et la décoration spartiate

Aux États-Unis, la communauté des Amishes vit à l'écart. Ce sont les membres d'une communauté religieuse ancienne, les « anabaptistes », se réclamant de la chrétienté. Ils ont la particularité de refuser le progrès et de vivre selon des principes religieux anciens (« l'Ordnung »). Chez les Amishes, l'aménagement de la maison est délibérément simple : aucun gadget, peu d'équipement, des couleurs sobres. À l'image de leur style de vie, la maison offre un équipement suffisant pour le repos mais se tient à l'essentiel en refusant toute technologie.

3. Adieu confort : la critique du progrès

Réduire ses besoins au minimum est une démarche soutenue par le mouvement « Slow », proche de l'écologie. Plus proches de nous, certains citoyens refusent la recherche effrénée de confort au profit du strict minimum. Dans son essai humoristique justement intitulé *Trop*, l'essayiste Jean-Louis Fournier critique la course sans fin à laquelle nous pousse la recherche d'un équipement toujours plus perfectionné. Gagnons-nous vraiment à posséder tout le nec plus ultra dans nos logis ? Pour Jean-Louis Fournier la réponse est ferme et définitive : c'est non.

POUR ALLER PLUS LOIN

- *L'Emprise insidieuse des machines parlantes*, un essai de Serge Tisseron, 2020

➲ Focus sur… « Mondo Condo », un sketch de John Landis, dans le film à sketches *Cheeseburger Film Sandwich*, 1987

1. L'histoire de "Mondo Condo"

L'histoire est toute simple : un personnage, incarné par Arsenio Hal, rentre chez lui pour se reposer mais les appareils domestiques se retournent contre lui, les uns après les autres : il s'électrocute avec le grille-pain, la télévision explose quand il l'allume avec la télécommande, le sandwich qu'il trouve dans le réfrigérateur est immangeable et il coince sa cravate dans l'évier. Pour couronner le tout, le téléphone sonne sans arrêt pour demander une certaine "Selma". Bref : rien ne tourne rond dans cette maison.

2. L'analyse de "Mondo Condo"

Par définition, cet univers domestique nous est familier. Il est difficile de concevoir qu'il refuse de nous obéir. S'il peut nous arriver de changer une ampoule, de temps en temps ou les piles de la télécommande, quand plus rien ne fonctionne, c'est le désordre garanti ! Dans ce sketch, l'exagération a un effet humoristique sur ce personnage ressemblant à Charlie Chaplin. Quant au message de ce sketch, soyons juste : il a surtout pour objectif de nous faire rire (mission accomplie !). Mais il pose aussi la question suivante : et si notre univers domestique préféré se retournait contre nous ? Et si notre maison décidait de nous prendre pour cible ? Et si l'équipement prenait le pouvoir et le contrôle sur nos vies ?

➲ Focus sur... Boris Vian, « La Complainte du progrès », une chanson de 1947

1. Les paroles de la chanson (extraits)

« Autrefois pour faire sa cour, on parlait d'amour. Pour mieux prouver son ardeur, on offrait son cœur. Maintenant, c'est plus pareil, ça change, ça change. Pour séduire le cher ange, on lui glisse à l'oreille. Ah, Gudule, viens m'embrasser et je te donnerai : un frigidaire, un joli scooter, un atomixer, et du Dunlopillo, une cuisinière, avec un four en verre, des tas de couverts et des pelles à gâteaux, une tourniquette, pour faire la vinaigrette, un bel aérateur pour bouffer les odeurs ; des draps qui chauffent, un pistolet à gaufres, un avion pour deux, et nous serons heureux ! ».

2. Ce que nous dit la « Complainte du Progrès »

Dans la France de l'après-guerre, les Français s'équipent en électroménager. Le logement devient plus fonctionnel et il s'équipe ou se rénove sous l'effet de la reconstruction des habitations. La nécessité de l'équipement devient une tendance porteuse qui accompagnera la génération du baby-boom. La maison, ses ustensiles, ses appareils deviennent des objets séduisants : signes extérieurs de richesse, synonymes de confort, la chanson de Boris Vian montre qu'ils sont des promesses de bonheur toutes faites pour un foyer et un couple épanouis !

➲ Focus sur... Ces bricoleurs géniaux à la maison, sur grand écran

Bien à l'abri des regards, cachés dans leurs maisons, quelques personnages de films révèlent leurs talents cachés : ce sont des inventeurs-nés ! Dans ces films, la maison joue le rôle de cachette : ces personnages peuvent réellement se consacrer à leurs vraies passions.

1. *Vous ne l'emporterez pas avec vous,* Frank Capra, 1938

Un comptable, c'est un homme sérieux, n'est-ce pas ? Hé bien, celui-là, de l'extérieur, oui mais quand il est chez lui, il passe alors tout son temps à fabriquer de petits objets. C'est le maître des inventions, le roi des gadgets. La maison abrite sa réputation mais elle lui permet de s'adonner corps à âme à sa passion, en toute discrétion.

2. *Les Aventures de Pee Wee,* Tim Burton, 1985

Le réveil de Pee Wee est bien rythmé : du saut de son lit jusqu'au petit-déjeuner, il enchaîne une combinaison de gadgets, de jouets, de dispositifs qui lui permettent d'arriver, les pieds sous la table, devant son bol de céréales. Ce personnage excentrique est un grand enfant : ses multiples bricolages empruntent aux jeux et aux jouets et jonchent d'ailleurs sa chambre comme s'il avait toujours dix ans.

3. *Gremlins,* Joe Dante, 1984

Randall Peltzer est un bon père de famille sérieux et responsable. C'est aussi un inventeur passionné qui passe son temps à inventer de multiples gadgets : une machine à café spéciale, une machine à casser les œufs, un presse-agrume nouvelle génération. Si aucune de ses inventions ne fonctionne, rien n'entame son enthousiasme. Sous l'œil bienveillant de sa femme et de son fils, Randall continue à bricoler. Un jour, une de ses idées finira bien par fonctionner !

Testez-vous !

1. Choisissez la bonne réponse

		A	B
1	Les débuts d'équipement d'internet à domicile	Années 1960-1980	Années 1990
2	Réalisateur de *Vous ne l'emporterez pas avec vous*	Joe Dante	Frank Capra
3	Auteur de « La Complainte du Progrès »	Boris Vian	Albert Camus
4	Une communauté américaine qui refuse le Progrès	Les Amishes	Les Hipsters
5	La maison mobile nouvelle génération	Little house	Tiny house

2. Trouvez dans le chapitre les réponses aux questions

A. Un philosophe qui refusait le confort : …

B. Le terme correspondant aux appareils de la maison connectés à l'Internet : …

C. La ville qui a consacré une exposition aux « baraques », logement transitoire d'après-guerre : …

D. Les appareils connectés qui « parlent » à la maison : …

E. L'équipement en appareils à la maison, qui se branchent sur le secteur : …

Chapitre 11

La crise du logement

Comment répondre aux besoins de logement ? Comment choisir entre location et achat ? Le logement est-il un privilège ou un droit ?

A. L'impossible marché immobilier

Pas de maison sans marché de l'immobilier, c'est-à-dire un cadre dans lequel se jouent l'offre et la demande. Comme dans d'autres marchés, la tension est palpable entre ceux qui cherchent un logement et les autres qui le mettent à disposition. D'une région à l'autre, les variables sont grandes.

1. Le proprio, c'est moi !

Près de 60 % des Français sont propriétaires de leur logement. Mais cet accès à la propriété ne se fait pas si facilement. Certains s'endettent sur 25 voire 30 ans pour emprunter de quoi acheter et passent la plus grande partie de leur vie professionnelle à rembourser leur emprunt. La majorité des propriétaires possède un logement individuel. Les années 1960 à 1980 ont vu se développer des politiques favorables à l'acquisition de sa résidence principale.

2. Le locataire, c'est moi !

40 % des Français sont locataires de leur logement. La réglementation tend à leur être favorable en protégeant l'occupant même quand celui-ci est dans l'illégalité, comme c'est le cas avec le squat. Les personnes vulnérables, handicapées ou âgées, sont aussi particulièrement protégées par la loi. Les bailleurs multiplient les précautions pour s'assurer de ne pas subir d'impayés, quitte à se mettre hors la loi. La tendance étant à la pénurie de logements vacants, les aspirants à la location doivent multiplier les recherches.

3. Bailleur cherche locataire

D'après une enquête de PAP, les bailleurs auraient entre 40 et 70 ans. Ils seraient en majorité propriétaires d'un seul bien en location. Tous ne sont donc pas très riches. Ils auraient tendance à éviter de prendre un locataire âgé (peur du chômage des séniors et des locataires âgés inexpulsables). Certains ont aussi tendance à gonfler les prix, contrant ainsi l'action d'un encadrement légal des loyers. Dans certaines zones tendues, cet encadrement est toutefois insuffisant pour lutter contre la hausse des prix.

4. Je sous-loue

Les locataires mettent parfois leur bien en location (légalement avec l'accord de leur propriétaire). Sous l'impulsion d'Airbnb, la sous-location a pris un envol extraordinaire depuis quelques années. Points positifs : plus de souplesse pour se loger, la location à court terme se développe ; points négatifs : le secteur de l'hôtellerie a pris du plomb dans l'aile avec ce tout nouveau concurrent inattendu.

5. Je vis en coloc'

La pénurie de logements a développé le système de la colocation. Les étudiants recourent massivement à ce système mais, la crise aidant, de nombreuses personnes précaires s'y résignent quand leur dossier ne montre pas assez de garanties pour les bailleurs. Le principe : louer à plusieurs, partager les pièces communes et avoir un espace intime à soi. Les atouts sont nombreux : éviter l'isolement, nouer des liens solidaires mais les inconvénients liés à la promiscuité pèsent lourd dans ce choix de vie en commun.

6. Je squatte à droite à gauche

Squatter signifie « occuper illégalement un lieu ». Le phénomène est difficile à mesurer mais il resterait très confidentiel avec 124 dossiers de « squattage » illégaux aux mains de la justice en 2019. Le squat est une solution qui n'en est pas une mais reste largement pratiquée quand aucune autre option ne se propose pour occuper légalement un logement. Des squats collectifs existent aussi, souvent associés à une population vulnérable en proie à différentes addictions (alcool, stupéfiants).

B. Discriminations à tous les étages

1. Sélectionner son locataire sur son nom

Trouver un logement en location, dans les grandes villes, est un parcours du combattant. Un racisme endémique et résistant s'exerce dans le choix du locataire. Attesté et confirmé par plusieurs « blind tests », cette pratique révèle que les personnes porteuses d'un nom à consonance maghrébine ont moins de chances d'obtenir une visite que les autres. Difficile à dénoncer et à contester, la pratique sélective perdure et désavantage certains aspirants à la location.

2. La discrimination liée à l'adresse

C'est un fait : lieux de vie et vie professionnelle sont liés. Ainsi, certains lieux sont regardés négativement par de possibles recruteurs. Habiter une ville excentrée et mal desservie peut faire craindre retards et absences de la part de futurs collaborateurs. Cela rebute certains recruteurs quand il s'agit d'embaucher. Il existe donc une stigmatisation bien réelle des adresses et des lieux de vie, qui impacte directement l'accès à l'emploi.

C. Le mal logement

1. Le blues du locataire

Il existe un réel malaise chez les locataires : ceux qui cherchent sans trouver, ceux qui ne peuvent pas trouver un meilleur logement, ceux qui n'ont pas assez de garanties, ceux qui ne peuvent pas trouver une caution assez rassurante pour accéder à un logement… D'autres souffrent de bailleurs indélicats qui ne respectent pas leurs obligations légales. Ceux, enfin, qui ne trouvent pas de location et doivent élargir leur zone de recherche, quitte à creuser la distance entre le travail et le domicile.

2. Le malaise du bailleur

On envie souvent ces propriétaires qui vivent en percevant le loyer de leurs locataires. Pourtant, il existe un malaise du bailleur. D'abord parce que contrairement aux idées reçues, les bailleurs ne sont pas tous riches. Une majorité d'entre eux est représentée par des petits commerçants ou des retraités qui complètent leur pension. Les loyers qu'ils perçoivent servent parfois à rembourser un crédit et la loi, plutôt protectrice des locataires, est pénalisante pour les bailleurs. Enfin, la crise sanitaire et économique a généré d'importants retards de loyers.

3. Les tracas du propriétaire

Certains propriétaires restent des mois ou des années avec leur maison sur les bras : maison mal située, mal entretenue, elle ne trouve pas preneur. La présence d'une route très fréquentée ou d'éoliennes peut suffire à dissuader les acheteurs potentiels. Résultats : la maison est bradée ou laissée à l'abandon. À la suite de nombreuses tractations administratives, ce sont les communes qui doivent gérer les ruines quand elles présentent un danger. Le montant des travaux excède en effet souvent le budget des propriétaires.

POUR ALLER PLUS LOIN

- *Une Époque formidable*, un film de Gérard Jugnot, 1991

➲ Focus sur… Abbesses Fraternité, un toit pour ceux qui n'en ont pas

Les associations de lutte contre le mal logement ne sont pas nombreuses ; depuis 1994, Abbesses Fraternité agit dans le beau quartier de Montmartre, à Paris. Rencontre avec sa trésorière, Simone Laurent.

– *Simone Laurent, parlez-nous de votre association.*

Nous avons fondé Abbesses Fraternité entre paroissiens de l'église Saint Jean de Montmartre. Nous donnions chacun de l'argent à un jeune homme qui faisait la manche à la sortie de l'église et l'idée nous est venue de mutualiser ces sommes pour lui louer un toit. Depuis, nous avons agi ainsi pour 55 foyers, en tout et nous en gérons actuellement 18.

– *Comment fonctionne Abbesses Fraternité ?*

L'association perçoit les APL[1] des personnes logées et ces dernières complètent le loyer. Nous versons le loyer au propriétaire. Nous fonctionnons avec les dons des paroissiens. Des dons parfois généreux, d'autres plus modestes. Nous ne percevons pas de subventions car si tel était le cas, nous ne pourrions plus loger qui nous voulons. Nos cotisants reçoivent un reçu fiscal qui leur permet de déduire ces dons de leurs impôts. Nos intervenants sont tous bénévoles.

– *Avez-vous diversifié vos activités depuis 1994 ?*

On a essayé mais nous avons déjà beaucoup à faire ! Nous intervenons comme un organisme de gérance classique : maintenance des logements, gestion des loyers, traitement des problèmes et difficultés diverses. Nous tenons beaucoup à être ouverts à tous, sans distinction sociale ou religieuse. Mais nous avons dû développer nos actions sur la banlieue nord car, dans notre quartier, le prix des logements explosait.

– *Quel est le profil de votre public ?*

Ce sont des personnes qui sont passées par la permanence « logements » de la paroisse. D'autres nous sont recommandées par une assistante sociale. Les gens que nous logeons sont en majorité des personnes célibataires ou divorcées, au RSA, avec des enfants. Après un accident de la vie (déplacement, séparation, perte d'emploi), elles se sont retrouvées à la rue.

---

1. Allocation d'Aide Pour le Logement.

– Quelles difficultés rencontre votre public ?

Il s'agit d'un public vulnérable. Certains n'ont jamais travaillé et sont très éloignés de l'emploi. Par ailleurs, les problèmes de santé liés à des conditions de vie difficiles sont fréquents, comme les pneumonies. On trouve des troubles psychologiques également (dépressions, paranoïa…). Ce sont des maladies générées par un isolement prolongé et parfois une longue vie dans la rue.

– Quel regard portez-vous sur la politique du logement social ?

On ne construit pas assez de logements pour loger tout le monde. Et dans le XVIIIe arrondissement de Paris, il y a peu de HLM. L'accès au logement social est difficile, comme partout. Se loger en ville pose plus de problème que dans le milieu rural. J'aime assez cette initiative prise dans une commune normande : loger en HLM des occupants en échange non pas d'un loyer mais d'un service civil pour d'autres riverains âgés ou dépendants (jardinage, courses, etc.). Cela renforce l'intégration et fait revivre un village.

– Qu'est-ce qui vous motive dans votre action bénévole ?

C'est un travail difficile mais il y a des moments gratifiants. Quand un bénéficiaire signe son contrat de location chez nous, l'engagement qu'il prend lui donne (ou redonne) une dignité nouvelle. Cela le responsabilise et lui donne un statut de « citoyen » : avoir un chez-soi comme tout le monde. Et pour trouver un employeur, il faut avoir une adresse. Dans le nom de notre association, le mot de « fraternité » prend ici tout son sens.

Testez-vous !

1. Trouvez les termes correspondants :

Je partage une location avec quelqu'un. Cela signifie…	1	a	*Sous-louer*
Je cherche un bien à louer. Je suis…	2	b	*Bailleur*
Je mets mon appartement à louer mais j'en suis moi-même locataire. Cela signifie…	3	c	*Aspirant à la location*
J'habite un logement qui m'appartient. Je suis…	4	d	*Co-louer*
Je loue un bien à quelqu'un, je suis…	5	e	*Propriétaire*

2. Vrai ou faux ?

		V	**F**
1	La France compte une majorité de locataires.		
2	La France compte une majorité de propriétaires.		
3	Une « caution » est synonyme de « loyer ».		
4	La commune doit prendre en charge les maisons en ruines.		
5	Les personnes vulnérables sont plus faciles à expulser de leur logement.		
6	APL est l'acronyme de « Assistance Personnalisée à la Location »		

Chapitre 12
Mes chers voisins

Nos voisins sont-ils nos meilleurs amis ? Comment se préserver d'eux ? Comment trouver la bonne distance avec ses voisins ?

A. Mes voisins adorés

1. « Coucou les voisinous ! »

À l'image de la famille Flanders dans le dessin animé des *Simpsons*, les voisins sont parfois des personnes joviales, agréables ou un peu irritantes. Ils saluent les autres au-dessus de la haie ou sur le palier ; ils échangent quelques propos sur le temps ou cet ascenseur encore en panne. Le voisin, c'est cet alter ego avec lequel on partage un lieu de vie. Cela constitue un point commun insuffisant pour constituer une amitié mais assez important pour entretenir des liens de cordialité.

2. Entraide, coups de main et barbecues

D'autres vont plus loin et jouent la carte de l'entraide. Garder les enfants des voisins ou les conduire à l'école, prendre un colis pendant une absence, donner à manger au chat ou arroser les plantes : les menus services entretiennent les liens de voisinage.

B. L'enfer du voisinage

1. Troubles de voisinage

Mais le « voisin » est aussi cet individu infernal qui fait la fête jusqu'au petit matin et partage sa playlist avec tout son quartier. Juridiquement, les troubles de voisinage forment deux catégories : les « normaux » et les « anormaux ». Si une tolérance est observée dans les troubles normaux (les cris de bébés, les bruits de pas…), d'autres excèdent un certain seuil. Quand ils persistent, la conciliation, la médiation et, en dernier recours, le règlement du contentieux au tribunal sont les pistes de solution aux difficultés.

2. Le coq Maurice chantait trop fort !

En décembre 2020, un homme a tué le coq de son voisin à coup de fusil et de barre de fer, en expliquant qu'il ne le supportait plus. Condamné à huit mois de prison avec sursis, le voisin a surtout généré un émoi important dans la communauté : faut-il accepter le chant du coq ? Comment concilier les vies des uns et le chant des autres ? Comment partager espace physique et acoustique, faire cohabiter le bruit des activités des uns et le droit au silence des autres ?

3. « *Ohé, vos gueules, les mouettes !* »

Et les cloches des églises ? Une pétition a ainsi réuni 100 000 signatures et a conduit le législateur à préciser ce qui est tolérable et ce qui ne l'est pas : la campagne a, elle aussi, ses nuisances sonores. Les ruraux reprochent aux nouveaux arrivants de chercher un silence total qui n'existe, en réalité, nulle part. En réduisant le pays au silence, le confinement aurait habitué les Français à une tranquillité qui n'a malheureusement pas duré ! Le problème ne date pourtant pas d'hier (cf. focus ci-dessous sur *Les Cloches de la terre* d'Alain Corbin).

4. Mon voisin est un dealer

Pour d'autres occupants, le trafic de drogue crée un environnement insupportable. En effet, quand les trafiquants squattent les halls d'immeubles, les voisins souffrent de l'insécurité et plus encore quand ils ont des enfants. C'est sur ce constat que certains bailleurs sociaux se sont rapprochés des services de police et de justice : en échangeant des informations sur le trafic et ses nuisances, les locataires ont été menacés d'expulsion. Dans d'autres cas, le voisinage subit la situation en silence et surtout dans l'incapacité économique de partir.

C. Vers un voisinage 2.0

1. Votre voisin est numérique

Vous cherchez à emprunter un appareil à raclette ou un escabeau ? Avec le développement d'internet, le voisinage est devenu numérique. Un quartier, des parents d'élèves, des jeunes et des moins jeunes… les groupes se fédèrent désormais sur les réseaux sociaux numériques pour jouer le jeu de l'entraide, du partage, du dépannage ou pour privilégier les actions « locales ».

2. Formidable e-voisinage !

Les plateformes comme Allovoisins, Hyper Voisins ou Kiwiiz se sont donc largement développées : la crise économique encourage l'entraide mutuelle ; le numérique facilite la recherche (où trouver une scie sauteuse dans le nord de Lyon, par exemple) et le plaisir de la convivialité fait le reste. Plus encore, la crise sanitaire a renforcé l'élan solidaire et a donc donné un coup de pouce supplémentaire aux services entre voisins, via des mises en relation sur Internet. En respectant évidemment les gestes barrières.

3. Le vrai voisinage : numérique ou non ?

Il reste que ce voisinage nouvelle génération soulève certaines questions : pourquoi autant de froideur et d'évitement dans les rapports sociaux entre voisins, alors que, dans le même temps, les relations en ligne se nouent désormais si facilement ? En témoignent deux personnes qui ont fait connaissance, en ligne, autour du prêt d'appareil de cuisson et qui ont découvert une chose incroyable : ils habitaient le même immeuble ! Alors, le voisinage numérique aurait-il des leçons à donner au bon vieux voisinage, en chair et en os ?

POUR ALLER PLUS LOIN

- *Mes Chers voisins*, une comédie d'Alex de la Iglesia, un film de 2000

➲ Focus sur… *Les Cloches de la terre*, un essai d'Alain Corbin, 1994

1. Le sujet des *Cloches de la terre*

Alain Corbin est un historien qui s'intéresse à l'histoire du monde « sensible » : il s'est penché sur des sujets comme l'histoire des odeurs ou celle des paysages ; il a collaboré à l'*Histoire du corps* avec Jean-Jacques Courtine et dans *Les Cloches de la terre*, l'auteur s'intéresse aux sons de cloches dans les villages et villes françaises au XIXe siècle et XXe siècle.

2. Bruits de la ville et bruits des champs

Derrière ce sujet à première vue anecdotique, se cache un domaine passionnant. Alain Corbin s'est beaucoup documenté pour trouver la trace écrite de tous les nombreux contentieux ayant opposé des habitants autour des cloches. Cet essai montre que nos problématiques contemporaines ont existé hier autour des cloches. Jusqu'au XIXe siècle, en effet, les cloches rythmaient le quotidien d'une population travaillant essentiellement aux travaux des champs. En ville, les cloches dérangent les citadins, surtout quand l'éclairage public commence à modifier les rythmes de vie.

3. « *Faites taire ces cloches, enfin !* »

Fin du XIXe siècle : les anticléricaux veulent faire cesser les cloches dans la République naissante[1]. Plus globalement, les citadins font valoir leur droit au silence et les cloches doivent s'adapter à la séparation de l'Église et de l'État de 1905 : au maire revient l'usage civil des cloches, à l'Église leur usage religieux. Mais de toute façon, les cloches sonneront moins à partir du moment où l'affiche murale se développera pour informer la population.

---

1. En Turquie, Atatürk, le père fondateur de la République turque, est connu pour avoir demandé que cesse l'appel matinal à la prière du muezzin car cela le réveillait.

Testez-vous !

1. Vrai ou faux ?

		V	F
1	Le coq qui posait des problèmes à un voisin se nommait Marcel.		
2	L'Église décide seule de sonner les cloches.		
3	La campagne est un lieu silencieux.		
4	On distingue deux types de troubles de voisinage.		
5	On peut rencontrer ses voisins en ligne.		

2. Reliez les éléments entre eux

Quand ça ne se passe pas bien avec le type qui habite à côté	1	a	Anticléricaux
Actionner les cloches	2	b	Contentieux
Ceux qui sont contre l'Église	3	c	Entraide
Une embrouille	4	d	Médiation
Quand on va se donner un coup de main	5	e	Alter ego
Quand quelqu'un cherche une solution pour l'embrouille des autres	6	f	Troubles de voisinage
Comme moi mais différent	7	g	Sonner

De la musique avant toute chose ?

Chapitre 1
Généralités

1. Le titre : « *De la musique avant toute chose ?* »

Ce vers provient d'un poème de Verlaine, *L'Art poétique*, écrit en 1874. Il souligne l'importance de la « musicalité » de la poésie ; il est moins question de texte, de sens et encore moins de « message » pour le poète. Celui-ci s'intéresse avant tout à la dimension musicale et sonore de la poésie. Sous la forme interrogative, Verlaine nous invite à nous poser de multiples questions…

2. Problématiques

La musique est-elle un art fédérateur ?

La mode, la pression du collectif et de la norme laissent-elles encore une place à la singularité des goûts musicaux ?

Peut-on se passer de musique ?

La musique est-elle un refuge ?

La musique peut-elle provoquer un repli sur soi ?

La musique sur ordinateur est-elle encore de la musique ?

Sur quels critères évaluer la musique ?

À l'heure des stars aux tournées mondiales, risque-t-on une uniformisation des goûts musicaux ?

De quoi peuvent bien vivre les musiciens ?

3. Filmographie

Accords et désaccords, Woody Allen, *1999*	Woody Allen rend hommage à Emmet Ray, un guitariste de jazz qui vécut dans l'ombre de Django Reinhardt.
Bird, Clint Eastwood, *1987*	Clint Eastwood raconte la vie du saxophoniste Charlie Parker, ses difficultés et son immense talent.

Les Choristes, Christophe Barratier, *2003*	La vie dans un internat d'après-guerre, la promiscuité et les difficultés de la relégation. Un professeur de chant vient adoucir le vivre ensemble grâce au chant choral.
Florence Foster Jenkins, Stephen Frears, *2016*	Ce film raconte l'histoire réelle d'une chanteuse d'opéra très peu douée pour le chant mais néanmoins passionnée par l'opéra.
The Wall, Alan Parker, *1982*	La vie d'un musicien traversant un moment de dépression. La musique de Pink Floyd y accompagne la description d'une éducation répressive et d'une vie adulte conformiste.
On connaît la chanson, Alain Resnais, *1997*	Ce film met à l'honneur les chansons populaires qui rythment notre quotidien et sont connues de tous. Elles ponctuent les évènements des personnages du film, entre rires et larmes.
Bohemian Rhapsody, Bryan Singer, *2018*	La vie du groupe Queen, depuis ses débuts en pleine ère « glam rock » jusqu'à la mort de son chanteur Freddie Mercury.
Grace of my heart, Allison Anders, 1996	Dans les années 1950, la jeune Edna Buxton remporte un concours de chant. Elle rêve de faire carrière mais les embuches sont nombreuses sur sa route.
The Blues Brothers, John Landis, 1980	Reformer l'orchestre des Blues Brothers : voilà l'objectif des deux frères alors que Jake sort de prison. Mais le projet se complique, chacun étant rattrapé par ses obligations.
Spinal Tap, Rob Reiner, 1984	Un vrai documentaire sur un groupe fictif ! Rob Reiner y raconte la vie d'un médiocre groupe de Metal entre carrière qui bat de l'aile, bêtise des musiciens et obsessions…
La La Land, Damien Chazelle, 2017	Elle veut devenir actrice tandis que lui veut vivre de sa musique. Hélas, dans le milieu artistique, la compétition est rude entre les nombreux aspirants et tout est fait pour dissuader le couple de parvenir à ses fins.
Presque célèbre, Cameron Crowe, 2000	Un jeune journaliste qui ne jure que par le rock part suivre un groupe en tournée, malgré l'avis de sa mère. Il prend peu à peu part à la vie du groupe.

4. Citations et dictons

« *La musique adoucit les mœurs* », proverbe

« *Les maîtres jouaient du violon, les serviteurs de l'accordéon* », proverbe

« *On ne vend pas la musique, on la partage* », Leonard Bernstein

« *Une rengaine est un air qui vous entre par une oreille et qui finit par vous sortir par les yeux* », Raymond Devos

« *La musique qui marche au pas, cela ne m'intéresse pas* », Georges Brassens

« *J'ai voulu une vie qu'on ne pourrait pas résumer, une vie comme la musique* », Christian Bobin,

« *Sans la musique, la vie serait une erreur* », Friedrich Nietzsche

« *De la musique avant toute chose et pour cela préfère l'impair !* », Paul Verlaine

5. Chansons

John Miles, « Music »

France Gall « Musique », « Tout pour la musique »

Yves Montand, « Trois petites notes de musique »

6. Ressources proposées sur le Bulletin Officiel de l'Éducation Nationale

Littérature

Metin Arditi, *Prince d'orchestre*

Honoré de Balzac, *Gambara, Massimila Doni, Sarrasine*

Alessandro Baricco, *Novecento pianiste*

Julian Barnes, *Le Fracas du temps*

Jérôme Bastianelli, *La Vraie Vie de Vinteuil*

Charles Baudelaire, *Les Fleurs du Mal*, « Harmonie du soir », « La Musique », « Correspondances »

Philippe Beaussant, *Le Roi-Soleil se lève aussi ; Stradella*

Nina Berberova, *L'Accompagnatrice*

Hector Berlioz, *Euphonia ou La ville musicale*

Jaume Cabré, *Confiteor*

Virginie Despentes, *Vernon Subutex*

Jean Echenoz, *Ravel*

Louis-René des Forêts, *La Chambre des enfants*, « Les grands moments d'un chanteur »

Christian Gailly, *Be-Bop ; Un soir au club*

Jacob et Wilhelm Grimm, *Le Joueur de flûte de Hamelin*

E.T.A. Hoffmann, *Le Conseiller Krespel*

Homère, *Odyssée*, XII, « Le Chant des sirènes »

Nick Hornby, *Haute Fidélité*

Célia Houdart, Gil

Nancy Huston, *Les Variations Goldberg*

Maylis de Kerangal, *Dans les rapides*

Andreï Makine, *La Musique d'une vie*

Guy de Maupassant, *Contes et nouvelles*, « Le Pain maudit »

Akira Mizubayashi, *Âme brisée*

Toni Morrison, *Jazz*

Gérard de Nerval, *Odelettes*, « Fantaisie »

Nicolaï Pouchkine, *Mozart et Salieri*

Serguei Prokofiev, *Pierre et le loup*

Marcel Proust, *Un amour de Swann*

Sylvain Prudhomme, *Les Grands*

Pascal Quignard, *Le Salon du Wurtemberg ; Tous les matins du monde*

Arthur Rimbaud, *Poésies*, « À la musique »

Valérie Rouzeau, *Vrouz*

Lydie Salvayre, *Hymne*

Peter Shaffer, *Amadeus*

Stendhal, Rome, *Naples et Florence ; Vie de Rossini*

Patrick Süskind, *La Contrebasse*

Paul Verlaine, *Poèmes saturniens*, « Sérénade » ; *Jadis et naguère*, « Art poétique »

Wladyslaw Szpilman, *Le Pianiste*

Essais

Dominique Ané, *Ma vie en morceaux*

Alain Bashung, *De l'aube à l'aube*

Charles Baudelaire, *L'Art romantique*, « Richard Wagner et Tannhäuser à Paris »

Emmanuel Bigand (dir.), *Les Bienfaits de la musique sur le cerveau*

Pierre Boulez, Jean-Pierre Changeux, Philippe Manoury, *Les Neurones enchantés : le cerveau et la musique*

David Byrne, *Qu'est-ce que la musique ?*

Agnès Gayraud, *Dialectique de la pop*

François Gorin, *Sur le rock*

E.T.A. Hoffmann, *Kreisleriana*

Vladimir Jankélévitch, *La Musique et l'ineffable*

Philippe Junod, *La Musique vue par les peintres*

Michel Leiris, *Operratiques*

Friedrich Nietzsche, *La Naissance de la tragédie*

Pascal Quignard, *La Leçon de musique* ; *La Haine de la musique*

Jean-Jacques Rousseau, *Dictionnaire de musique* ; articles consacrés à la musique dans l'*Encyclopédie*

Éric-Emmanuel Schmitt, *Ma vie avec Mozart*

Joy Sorman, *Du bruit*

Jean Starobinski, *Les Enchanteresses*

Carl Wilson, *Let's talk about love – Pourquoi les autres ont-ils si mauvais goût ?*

Francis Wolff, *Pourquoi la musique*

En ligne

Cours du Collège de France :

Philippe Manoury, « Musique, sons et signes » : http://www.college-de-france.fr/site/philippe-manoury/p1230921189612032_content.htm

Hervé Platel, « Comment la musique modifie notre cerveau ? » :

https://www.franceculture.fr/conferences/universite-bretagne-loire/pourquoi-la-musique-modifie-notre-cerveau

Aline Moussard, Françoise Rochette et Emmanuel Bigand, « La musique comme outil de stimulation cognitive », L'Année psychologique 2012/3 (Vol. 112), https://www.cairn.info/revue-l-annee-psychologique1-2012-3-page-499.htm

Michka Assayas, « Very Good Trip » (podcast) : https://www.franceinter.fr/emissions/very-good-trip

Mots-clés

Technique musicale

Son, voix, instrument, silence, bruit, harmonie, dissonance, accord, note, chanson, morceau, composition, scie, danse, euphonie, cacophonie, polyphonie, contrepoint, tube, refrain, rengaine, leitmotiv, rythme, tempo, cadence, variations, mélodie.

Styles musicaux

Musique classique, musique électronique, symphonie, musique populaire, variétés, musique folklorique, musique funèbre, musique sacrée, musique religieuse, requiem, musique de chambre, chant, opéra, comédie-ballet, opérette, musique militaire, musique de film, bande originale, jingle, jazz, rock'n'roll, rap, slam, comédie musicale, reggae, musique zen, musique sérielle, dodécaphonisme, hymne, comptine, berceuse, musique d'ambiance, musique d'ascenseur, musique de supermarché, musique pour spots publicitaires, etc.

Production musicale

Musicien, compositeur, interprète, maître, chanteur, cantatrice, rock star, beat-box, groupe, mélomane, orchestre, fanfare, chorale, chœur, maîtrise, musique d'harmonie.

Concert, festival, récital, bal musette, rave party, karaoké, musicothérapie, musique de jeu vidéo, concours de chant, télé-crochet musical.

Conservatoire, académie, partition, solfège, gamme, improvisation, musique assistée par ordinateur.

Testez-vous !

Où en êtes-vous de votre culture musicale ? Faites le test et reportez-vous ensuite aux réponses.

1. Dans quel style se sont-ils illustrés ?[1] :

Michel Portal	a	1	Slam
Les sœurs Labèque	b	2	Musique de film
Grand Corps malade	c	3	Rock
Les sœurs Goadec	d	4	Jazz
Véronique Sanson	e	5	Musique classique
Éric Serra	f	6	Chanson
Téléphone	g	7	Musique bretonne

2. Vrai ou faux ?[2]

		V	F
1	Vitaa et Slimane ont chanté « Ca va, ça vient »	✓	
2	Jacques Brel a chanté « Il pleut sur Nantes »		✓
3	Ninho a chanté « Lettre à une flamme »		✓
4	Clara Luciani a chanté « La Bombe humaine »		✓
5	Bigflo & Oli ont chanté « Restez chez vous »		✓
6	Alain Souchon a chanté avec Laurent Voulzy	✓	
7	Angèle a chanté « Oui ou non »	✓	
8	Soprano a chanté « L'Entraîneur »		✓
9	Christophe a chanté « Pauline »		✓

1. a4, b5, c1, d7, e6, f2, g3.
2. V : 1, 6, 7, F : 2 ; 3 ; 4, 5, 8, 9.

3. Reliez les chanteurs à leurs morceaux[1]

Charles Aznavour	a	1	« Le Lundi au soleil »
Alain Bashung	b	2	« L'Encre de tes yeux »
Georges Brassens	c	3	« Le Petit cheval »
Claude François	d	4	« Allumer le feu »
Johnny Halliday	e	5	« Gaby »
Francis Cabrel	f	6	« La Bohème »

1. a6, b5, c3, d1, e4, f2.

Chapitre 2

En musique tout au long de la vie

La musique nous accompagne-t-elle tout au long de la vie ?

À quel âge cesse-t-on d'écouter de la musique ?

Quel rôle joue la musique à chaque âge de la vie ?

1. Dans le ventre maternel

Sandra caresse son ventre arrondi : son bébé bouge à l'intérieur et semble réagir aux sons de l'extérieur. Les voix familières de son père et de sa mère, les autres sons également. Sandra suit les conseils donnés par l'haptonomie : elle chante doucement de petites chansons pour établir un premier lien avec son enfant. L'haptonomie est un domaine qui soutient que les bébés in utero sont réceptifs aux voix et aux sons ; ce sont ainsi les premiers contacts avec le monde extérieur qui se mettent en place.

2. L'éveil musical pour les petits

Du haut de ses deux ans, Léo tambourine sur son jouet avec un entrain extraordinaire. Il est sûr de se faire entendre. Cela tombe bien : l'éveil musical entretient l'idée que les instruments de musique développent l'oreille du jeune enfant. Ainsi, le maniement des objets, les rythmes, le rapport de cause à effet, tout cela contribue au développement du jeune enfant. Les crèches et les maternelles plébiscitent l'éveil musical ; des professionnels en ont même fait leur activité principale.

3. Comptines et boite à musique

À la maison, Léo adore écouter les comptines que lui chante sa mère. Parfois, ils chantent ensemble ces airs qu'on retrouve sur Internet. Un bon cinquième des musiques diffusées sur YouTube© sont des airs enfantins ! De même, les comptines en ligne sont nombreuses. Elles aident l'enfant à apprendre, à compter et à mémoriser. Mais avec son nounours, quand il est l'heure de dormir, Léo écoute sa boîte à musique jouer une douce mélodie ; ses yeux se ferment... La boîte à musique est un rituel particulièrement sécurisant pour les jeunes enfants : cela signifie l'heure du coucher et du sommeil.

4. Kids United dans la cour de récré

À huit ans, Sidonie connaît tout le répertoire de Kids United, les chansons de Big Flo et Oli et celles d'Angèle, évidemment! À cela s'ajoutent les chansons de l'école, qu'elle aime bien mais sans plus. Et puis, les musiques qu'écoutent ses parents. Cela fait plusieurs répertoires qui se mélangent mais qui sont pourtant bien distincts. Ses parents lèvent un sourcil étonné en écoutant Maître Gims; les chansons de l'école sont encore à part (il faut souvent les apprendre par cœur) et Sidonie écoute exactement la même musique que ses copines. Pour faire plaisir à sa mère, elle continue parfois à chanter avec elle mais pas tout le temps. La différenciation individuelle commence à se dessiner: les comptines, pour Sidonie, « c'est pour les bébés! ».

5. Le rôle des boums et des colos

Pour Sidonie et Max, ce répertoire musical commun constitue un socle culturel très fort. Il y a les airs que l'on chante ensemble à la chorale de l'école, sous l'œil humide des parents et de l'équipe pédagogique; il y a les chansons que l'on entonne à tue-tête dans les colonies de vacances (« la si la sol... »); mais aussi les hymnes sportifs qui soudent l'équipe sur le chemin de la victoire. Puis, la première boum s'organise, généralement vers le CM2 et la musique est encore plus présente pour accompagner les premiers bisous timides gênés par les appareils dentaires. La sono et les fichiers MP3 ont remplacé les 45 tours des années 1980 depuis bien longtemps; les sodas et les biscuits sont eux, par contre, toujours présents, posés dans les assiettes en carton près des enceintes.

6. Les années collège

Au collège, la musique accompagne l'affirmation identitaire des adolescents. On écoute telle musique et surtout pas telle autre; on adore tel artiste et surtout pas celui-là. On se définit par la musique que l'on écoute et celle que l'on rejette. Ces goûts naissants s'affichent sur les sacs d'école, sur les vêtements, les fonds d'écran ou les posters à la maison. La musique des ados forme les groupes et les distingue les uns des autres. Dans ce contexte, l'éducation musicale peine à se faire apprécier; pas facile de s'ouvrir à la musique classique à treize ans, quand on se découvre une passion pour le rap. Soupirs de l'Éducation nationale qui peine à se faire entendre parmi de multiples sources culturelles.

7. Nos années lycée…

Stan réunit quelques potes et fonde son premier groupe. Avec sa guitare électrique, il entend bien révolutionner l'histoire du rock. Les reprises sont au programme : les Stones, Noir Désir, Téléphone, The Black Keys, Led Zeppelin. Certes, ce n'est pas bien en place, cela sonne parfois un peu faux et il leur manque un bassiste. Mais peu importe : ils s'éclatent et c'est l'essentiel ! Lors de la Fête de la Musique, ils se font remarquer, tous leurs amis sont venus (et leurs fiancées, surtout !). Les révisions du bac se font avec un fond sonore assourdissant qui agace leurs parents : « *Mais comment tu fais pour réviser avec tout ce bruit ?* ». Question d'habitude et de génération.

8. Les écouteurs des jeunes adultes

Dans la journée, Léa n'enlève que rarement ses écouteurs sans fil. Avec Deezer ou une autre plateforme de distribution numérique dédiée à la musique en streaming, elle écoute tout le temps de la musique sur son téléphone. Elle enlève ses écouteurs quand elle arrive en cours (elle est en BTS). Parfois, c'est vrai, elle oublie de les enlever… Dans sa chambre, elle les garde, ils lui servent aussi à téléphoner. À son entrée dans le monde professionnel, elle s'est fait des playlists qu'elle écoute à longueur de journée et qu'elle emmène en vacances. Lucas, lui, joue beaucoup moins avec ses amis ; mais il a gardé sa guitare, à la fois pour se souvenir, à la fois pour rejouer un jour, pourquoi pas ?

9. Le creux du milieu de la vie ?

Les pratiques musicales se diversifient entre 30 et 60 ans. Certains adultes laissent à la musique une place centrale dans leur vie : ils vont à des concerts, jouent régulièrement ; certains en font leur métier. D'autres, comme Nadia, peinent à trouver du temps libre entre une vie professionnelle bien remplie, des tâches domestiques à mener de plein front et l'éducation des enfants à laquelle il faut s'investir pleinement. Écouter un disque ou s'asseoir au piano symbolise souvent un loisir qui nécessite du temps libre – denrée cruellement rare sur cette tranche d'âge.

10. Musique pour retraités actifs

Quand Benjamin arrive à la retraite, il est en bonne santé et très heureux de renouer avec le temps libre. La musique s'affiche comme une option : il réécoute ses vieux fichiers MP3 sauvegardés sur une clé USB antique. Benjamin dépoussière sa guitare et reprend quelques cours pour se remettre dans le bain. Sofia, de son côté, se laisse tenter par la chorale à laquelle une amie l'invite un mardi soir. Le répertoire lui plait bien et puis, cela lui fait voir du monde. Ils ont même prévu quelques petits concerts. Malgré cet enthousiasme, la santé n'est plus ce qu'elle était. Benjamin doit se faire poser un appareil auditif mais il ne l'a dit à personne : ça fait « vieux » !

11. Faites du bruit à l'EHPAD !

Quand on a dit à Margaux qu'elle se plairait dans cette maison de retraite, elle était vraiment sceptique. Mais ses enfants ont insisté : il y a plein d'animations ! Sur le mot « plein », Margaux n'est pas vraiment d'accord mais régulièrement, il y a un orchestre qui vient jouer. Dans la salle commune, l'orchestre joue de tout, pour tous les âges. On peut danser, le public est invité à chanter, parfois ému aux larmes. Les musiciens ont un répertoire qui correspond à leur public. La musique évoque les souvenirs de toute une génération. Méconnue, la musique en Ehpad se porte bien : les animations musicales y sont appréciées ; certains groupes en ont fait leur spécialité.

12. La toute dernière mélodie

Bernard a bien précisé ce qu'il voulait pour son enterrement. Son fils, troublé, a pris note des souhaits de son père. Aux pompes funèbres, ils n'ont pas eu l'air étonné : lors des funérailles, les demandes personnalisées en musique sont désormais dans l'air du temps. Il est devenu habituel d'accompagner le convoi funéraire, au cimetière, avec la musique choisie par le défunt ou par sa famille. De nos jours, on délaisse la « Marche funèbre », trop classique, au profit de son air préféré. Si les airs sont de circonstances, les choix ont tendance à se diversifier : Supertramp ? Velvet Underground ? Sex Pistols ? Nana Mouskouri ? Pas de problème…

➲ Focus sur… Musique à l'école, entre splendeur et misère

1. L'éducation musicale à l'école

Vous y avez eu droit, vos parents aussi, vos grands-parents également : l'éducation musicale est presque aussi vieille que l'école elle-même ! Mais, à l'image de l'école et même de la société, cet enseignement a traversé des époques variées et de nombreuses réformes. Son statut est pourtant chahuté : parent pauvre des programmes scolaires (dédaigné comme le sport et les arts plastiques), totalement déconsidérée dès que des examens s'affichent à l'horizon, parfois moquée par les parents d'élèves, la musique à l'école ne jouit pas d'une bonne image. À quelle heure commence le cours de maths, déjà ?

2. Angèle ou Mozart ?

Au mieux, l'heure de musique est vécue comme un temps de « respiration » dans un programme parfois chargé. Un moment sympathique et même agréable en primaire, mais au collège, cela se gâte : rares sont les collégiens intéressés. Le répertoire est perçu comme étranger à la culture musicale juvénile ; il est même jugé élitiste quand il s'agit d'étudier des formes inhabituelles (la musique classique, par exemple). Quant à la flute à bec, autrefois obligatoire, elle a tiré sa révérence en 2014. Mais la question reste intacte : comment intéresser des élèves qui voudraient pratiquer le sampling, le slam et la musique assistée par ordinateur ?

3. Pourquoi la musique à l'école (malgré tout) ?

L'école de la République tient à offrir aux élèves les clés d'un enseignement pour « apprécier », « se sensibiliser », « analyser » et « savoir commenter » des œuvres musicales. De plus, l'Éducation nationale entretient l'idée d'un patrimoine collectif musical d'œuvres que nous partagerions tous. De fait, l'ouverture d'esprit, la capacité à analyser sont des compétences appréciées dans la vie adulte. Quant au « patrimoine commun », il divise : certains sont d'accord sur le fait que nous avons, sans le savoir, une culture en commun ; d'autres soutiennent que chacun a sa propre culture. Et parfois, cela va plus loin : « le classique et le jazz, c'est pour les riches. Le rap et la variété, c'est pour les pauvres. » Ainsi, la culture musicale scolaire est marquée par la suspicion.

4. Chanter tous ensemble à la chorale

Récemment, la pratique de la chorale s'est beaucoup développée à l'école. L'idée qui sous-tend ce projet tient à la volonté de l'école d'affirmer et mettre en avant les valeurs du vivre ensemble à travers une réalisation commune. La musique : un bon moyen d'affirmer l'identité d'un groupe et de renforcer la fraternité des individus qui le composent.

Testez-vous !

1. Vrai ou faux ?

		V	F
1	L'Éducation nationale soutient les chorales.		
2	L'enseignement musical a commencé en 2015.		
3	Aujourd'hui, on peut choisir la musique de son choix pour son enterrement.		
4	L'éveil musical débute parfois en crèche.		
5	L'haptonomie est l'étude du solfège en Ehpad.		

2. Testez votre culture musicale ! Musique et école… associez les interprètes et leurs chansons[1]

Chantal Kelly	1	a	*« L'École est finie »*
France Gall	2	b	*« Le Lycée papillon »*
Pierre Perret	3	c	*« Diabolo menthe »*
Georgius	4	d	*« Le Prof d'anglais »*
Sheila	5	e	*« Les Jolies colonies de vacances »*
Yves Simon	6	f	*« Sacré Charlemagne »*

3. Testez votre culture musicale ! Musique et enfance… associez les morceaux et leurs auteurs ou interprètes[2]

« Le Crocodile »	1	a	Henri Slavador
« Hou la menteuse »	2	b	Chantal Goya
Les Fabulettes	3	c	Henri Dès
« Une Chanson douce »	4	d	Gabrielle Grandière
« Bécassine »	5	e	Dorothée
« Pirouette cacahuète »	6	f	Anne Sylvestre

1. 1d, 2f, 3e, 4b, 5a, 6c.
2. 1c, 2e, 3f, 4a, 5b, 6d.

Chapitre 3

La musique entre art et industrie musicale

La musique est-elle un produit comme les autres ?

Comment se gère une carrière musicale ?

De quelle façon le numérique a-t-il bouleversé l'industrie musicale ?

La musique doit-elle garder un aspect artisanal ?

1. Où nous mènent les clics ?

Vous faites un tour sur Internet : un ami vient de « poster » une vidéo. Vous l'écoutez d'un clic : « pas mal » ou « oui, il y a quelque chose ! ». Vous vous connectez sur votre plateforme préférée et écoutez vos artistes fétiches. Un ami (encore un !) vient de poster un « son » que vous « likez » immédiatement. Puis, retour à votre « playlist » pour travailler vos cours, en baissant un peu le volume. Mais finalement, qu'y a-t-il derrière nos écoutes ? Comment fonctionne le marché de la musique ? Y a-t-il quelqu'un derrière nos écrans et, si oui, où ?

2. Deezer©, Spotify©… bienvenue sur les plateformes !

Elles ne sont pas encore toutes très connues mais elles n'ont pas fini de conquérir le marché : les plateformes deviennent, avec le géant YouTube©, le mode d'accès le plus généralisé à la musique enregistrée. Elles sont payantes et rétribuent les artistes pour leur musique ; leur rôle est de faire l'intermédiaire entre les artistes et vous. Elles découvrent vos goûts en examinant vos recherches et vous suggèrent de nouveaux titres.

3. Sur Internet, la star, c'est moi !

L'artiste en herbe est le grand gagnant de cette situation actuelle. *A priori*, rien de plus démocratique que ce système : vous enregistrez chez vous votre vidéo, vous la mettez en ligne, vous la partagez sur les réseaux sociaux. Puis, le nombre de vues aidant, vous voguez vers le succès et la popularité. Ou pas. La frontière entre

« musique amateur » et « musique vue un million de fois » s'efface à grande vitesse. Chaque jour, ce sont des centaines de vidéos d'artistes amateurs qui enregistrent, assis sur leur lit, un morceau immédiatement accessible en ligne.

4. La révolution numérique des années 2000

Cette situation n'existait pas avant le numérique. Ce système s'est installé au tournant des années 2000 en parallèle au développement, d'une part d'Internet et du World Wide Web, d'autre part de celui du téléchargement illégal de la musique. Avec l'équipement massif des foyers en ordinateurs, la musique en ligne est devenue une pratique quotidienne pour des millions de Français. Quant à la chaîne hi-fi, qui trônait dans le salon, elle a progressivement pris la poussière avant d'être reléguée au grenier, en déléguant ses fonctions à des petits amplis portables.

5. Le coût de la musique

Mais cet accès libre et gratuit à la musique fait vite oublier l'économie importante qui existe dans l'industrie musicale. Des instruments de musique aux enregistrements, des logiciels aux ordinateurs : tout a un coût et bien souvent un prix élevé ! De plus, il faut payer les musiciens, les techniciens et tous les intermédiaires qui s'occupent de la production et de la distribution de la musique. Question : si le public a pris l'habitude de la « musique gratuite », qui va payer ? Réponse : certains artistes choisissent le « système D » et y vont de leur poche ; d'autres (comme Youssoupha) vendent leurs propres produits dérivés mais nombreux sont les musiciens qui ne s'en sortent pas.

6. Payer l'auteur de la chanson et les interprètes

Parallèlement, il faut rétribuer l'auteur des paroles et le compositeur de la chanson : c'est le rôle de la Sacem, une vieille institution chargée de percevoir une redevance des TV et radios pour reverser des droits d'auteurs aux compositeurs et auteurs. La Spedidam, elle, se charge des interprètes et musiciens pour les enregistrements phonographiques. Malgré ces dispositifs, rares sont les musiciens parvenant à vivre correctement de leurs droits d'auteurs. Le plus souvent, les « cachets » qu'ils perçoivent pour leurs concerts constituent la ressource la plus importante, quand ils sont déclarés. C'est parfois le chapeau qui circule, comme pour les musiciens jouant dans le métro parisien. À ce titre, tandis que certains ont une place attitrée par la RATP, d'autres se produisent à la sauvette dans les rames, peinant parfois à se faire entendre de passagers de plus en plus souvent dotés d'écouteurs.

7. YouTube© : la sono mondiale

Parmi les géants du numérique, YouTube© tient une place particulière : créé en 2005, YouTube© s'enrichit de 300 nouvelles vidéos par heure, ce qui lui donne un poids extraordinaire dans le paysage musical numérique d'aujourd'hui. Rien de ce qui a été enregistré sur un disque ne lui échappe. Aucun évènement, aussi confidentiel soit-il, n'est absent de YouTube©. Cependant, si tous les artistes sont susceptibles de s'y retrouver, il existe des logiques commerciales qui favorisent les artistes soutenus par les grandes maisons de disques.

8. L'âge d'or du disque

Entre les années 1950 et les années 2000, ce sont 50 ans d'une industrie musicale dynamique qui se sont déroulées. Avec le début du 33 tours dans les années 1950, puis le début de la cassette audio et, enfin, l'ère du CD à la fin des années 1980, la musique enregistrée sur support matériel s'est considérablement épanouie. En plus des salles de concert, les enseignes musicales comme la Fnac (créée en 1954) ou le Virgin Megastore sont, alors, des lieux incontournables de diffusion et de découvertes musicales.

9. L'impitoyable règle du 20/80

Dans un catalogue, une play-list ou un rayon de magasin, on trouve la règle du 20/80. 20 % des produits génèrent 80 % du chiffre d'affaires. Cette règle purement commerciale s'applique à l'industrie musicale depuis les années 1980. Se contenter des références qui « marchent » est une option rentable commercialement mais qui pénalise la diversité culturelle. À côté des « produits d'appel » (les valeurs sûres et rentables) se trouvent des artistes moins importants ou en développement. De même, les grands festivals de musique programment des « têtes d'affiche » qui attirent le public ; ce dernier pourra découvrir des artistes moins connus, intervenant souvent en première partie du concert.

10. Les musiciens « indépendants »

Sur le marché musical, les indépendants occupent une place marginale. Soutenus par une petite structure autour d'eux, ils disposent de peu de moyens pour se faire connaître du public. Leur profil esthétique est parfois teinté par cette indépendance, avec des productions plus « brutes » que celles des grosses productions. Le « rock indépendant » est d'ailleurs devenu un style musical.

11. L'écrasant pouvoir des « majors »

Les artistes les plus connus, visibles dans les médias et dotés de clips hyperproduits, sont soutenus par les moyens importants des gros labels, autrement appelés « majors ». Si ces dernières se sont considérablement réduites ces 20 dernières années, elles ont toujours une place hégémonique dans la diffusion musicale. Elles possèdent les moyens financiers nécessaires à la fabrication et à la diffusion des clips.

12. Vos artistes préférés préfèrent les majors

Jul comme Youssoupha ont préféré rester indépendants en refusant de gros contrats qui auraient compromis leur liberté artistique. Les autres artistes préférés des Français sont chez des majors. Universal, géant de la distribution, a dans son catalogue Angèle, Maître Gims, Nekfeu, Ninho et Booba. Soprano, Ed Sheeran et Orelsan sont chez Warner. Conséquence de ce partage : un risque possible d'uniformité dans le paysage musical. Et pour les artistes « atypiques », moins de possibilités de « percer ». Pour rééquilibrer ces forces, l'État subventionne l'aide à la création avec l'aide du ministère de la Culture.

13. L'artiste consacré chez les « grands »

Dans la carrière d'un artiste, la signature chez une major constitue une consécration. Les promos, les tournées, les concerts s'enchaînent et les revenus augmentent. Certains fans de la première heure voient pourtant ce tournant artistique d'un très mauvais œil : l'artiste est alors soupçonné d'avoir « vendu son âme au diable » et de « solder » sa musique au plus grand nombre en lui offrant des compositions grand public. Il faut préciser, à ce sujet, que les « fans » ne sont pas forcément heureux de partager « leur » artiste !

14. L'artiste rétrogradé à son « indépendance »

Quand le succès n'est pas (ou plus) au rendez-vous, les majors ne renouvellent pas le contrat et rendent sa liberté à l'artiste. Il n'a alors plus qu'à retrouver un contrat ailleurs ou à s'adapter à cette indépendance forcée. Avec le tournant de la crise du disque, il y a 20 ans, certains sont heureux d'être redevenus libres (comme Ween ou Albert Marcoeur). D'autres ne s'en relèvent pas et mettent un terme leur carrière.

15. L'industrie musicale de demain

La tendance actuelle est à une « indépendance accompagnée ». Désireux de rester maîtres de leur musique, nombreux sont les artistes à choisir de se produire eux-mêmes. Les majors se sont adaptées en décloisonnant leurs services (gestion des médias, distribution…). La numérisation de la musique ayant totalement bouleversé l'industrie musicale, l'artiste doit aujourd'hui savoir tout faire : se vendre, constituer une équipe, trouver des fonds, gérer son image et faire le « buzz ». Conscients des innombrables compétences que cela demande, certains délèguent ces tâches à des sociétés… indépendantes.

16. Logique industrielle et diversité culturelle

En France, la musique répond à une logique de marché : les maisons de production sont en concurrence et chacun essaie de défendre « ses artistes ». La place majoritaire occupée par les grands groupes n'est pas contestée en soi ; en revanche, les responsables culturels institutionnels (ministère et direction régionale des affaires culturelles) défendent l'idée de la diversité culturelle. L'idée est de permettre la diffusion de plusieurs modes d'expression musicaux et de lutter, ainsi, contre une hégémonie culturelle appauvrissante. Il en faut pour tous les goûts et pour tous les publics.

➲ Focus sur… Hubert Mansion, *Tout le monde vous dira non*, 2005

1. Un livre sur les nombreux échecs artistiques

« Ah, les beaux débuts ! » chantait Gilbert Laffaille il y a 40 ans. Il avait raison : vous avez beau avoir écrit les meilleures chansons, les plus belles mélodies au monde et être un interprète remarquable, « tout le monde vous dira non ». Hubert Mansion s'attaque de front à ces débuts ingrats pour tous les artistes, en détaillant les refus catégoriques et répétés auxquels ont eu droit tous les grands noms artistiques de ces 60 dernières années. Il s'appuie sur de nombreuses histoires, comme celle, désormais célèbre, du producteur Dick Row du label Decca qui refusa de signer les Beatles.

2. L'analyse : comment réussir dans la musique ?

Écrit au lecteur et s'adressant à lui, l'essai d'Hubert Mansion donne aussi les recettes pour dépasser le stade entêté du refus : faire preuve de ténacité, développer ses compétences et affermir son talent. Il développe aussi une analyse intéressante sur la nécessaire présence de l'échec au sein des carrières, dans un monde obnubilé par le succès. Ce livre réfère sans doute davantage à l'ère pré-numérique mais il montre avec humour, conviction et beaucoup de documentation que croire en soi est l'une des clés du succès. Avis aux amateurs !

Testez-vous !

1. Cochez la bonne réponse

	Questions	Réponse 1	Réponse 2
1	Quel organisme enregistre et rétribue les droits d'auteurs ?	La Sofinco	La Sacem
2	Que perçoit un artiste lors d'un concert ?	Un cachet	Une portion
3	Quand la Fnac a-t-elle été créée ?	1994	1954
4	Quand la chaîne YouTube© a-t-elle été créée ?	1995	2005
5	Qui a écrit *Tout le monde vous dira non* ?	Jack Lang	Hubert Mansion
6	Quel organisme rétribue les interprètes pour leurs enregistrements ?	Le Ministère de la Culture	La Spedidam
7	À quelle époque les 33 tours ont-ils été créés ?	Années 1950	Années 1960

2. Cochez la bonne réponse

1	Qui a refusé de signer les Beatles ?	Richard Branson	Dick Row
2	Chez quelle major a signé Angèle ?	Warner	Universal
3	Chez quelle major a signé Booba ?	Warner	Universal
4	Chez quelle major a signé Maître Gims ?	Warner	Universal
5	Quelle règle dicte le commerce ?	Le 80/20	Le 20/80
6	Chez quelle major a signé Nekfeu ?	Warner	Universal
7	Quand a eu lieu la révolution Internet ?	Années 1980	Années 2000

Chapitre 4

Musiques du monde : entre tradition et modernité

Comment la tradition musicale se maintient-elle dans un contexte en évolution constante ?

Pourquoi sommes-nous attachés à la musique traditionnelle ?

Comment la musique folk est-elle devenue de la « musique du monde » ?

1. Du folklore aux musiques du monde

À chaque peuple ses musiques, à chaque peuple ses chants et ses danses. On pourrait ainsi dessiner une carte mondiale des cultures musicales : aucun pays n'ignore l'art musical. Mais l'exercice semble difficile ; en effet, les cultures migrent, se côtoient et s'influencent. Elles se mélangent, au gré des mobilités internationales et de leur diffusion. De la notion locale de « folklore », dans les années 1960, on est passé à l'appellation de « musiques du monde ». Ce changement d'étiquette est aussi un changement de regard sur la culture : la nôtre mais aussi celle des autres.

2. Musiques d'ici…

Les musiques traditionnelles sont donc celles qui ont un ancrage fort, ce sont les musiques du « terroir », connue de nos ancêtres et qui véhiculent l'identité d'une région, d'une langue, voire d'un village. La France compte des dizaines de cultures musicales locales. Elles suivent un destin compliqué, connotées comme « cultures oubliées » sous le poids écrasant des musiques anglo-saxonnes ; puis bénéficiant d'un regain de reconnaissance, voire d'un renouveau comme les musiques occitanes, bretonnes ou basques qui ne cessent de se régénérer. Chaque génération porte ainsi un regard sur la musique du passé : regard détourné ou regard bienveillant, selon les époques.

3. …et musiques d'ailleurs

Mais les musiques traditionnelles concernent aussi celles d'autres pays. La France a toujours manifesté un vif intérêt pour les musiques d'autres cultures. Cet intérêt est principalement lié à notre goût pour l'exotisme. Ainsi, la musique des Andes s'est fait connaître en France dès les années 1960. Associées à des enjeux politiques, les musiques des pays en voie de développement se sont fait connaître au gré des grands rassemblements politiques français, comme la Fête de l'Huma.

4. Disques : témoins de cultures lointaines

Mais l'essor des musiques traditionnelles est surtout lié aux premiers enregistrements sonores sur disques vinyle, dans les années 1960. Des collections désormais historiques, comme le label Ocora ou Le Chant du monde ont porté à la connaissance du grand public de nouveaux sons venus de l'autre bout de la planète. En France, des associations et autres clubs d'amateurs ont largement participé à ces découvertes de musiques lointaines. Des amateurs se réunissaient pour partager, avec d'autres, leurs découvertes musicales.

5. Musique et (dé)colonisations

Dans les années 1960, la France s'engage dans le long processus de la décolonisation. Il se joue alors un phénomène important qui implique le regard sur la culture de l'autre. Puisque les anciennes puissances coloniales reconnaissent (enfin) le droit des peuples à disposer d'eux-mêmes, leur musique devient logiquement digne de reconnaissance et d'intérêt. Dans le même temps, les pays libérés revendiquent leur culture en jouant ou en rejouant un répertoire oublié qui célèbre bien souvent, comme les textes du chanteur traditionnel kabyle Idir, une liberté retrouvée.

6. Le renouveau « folk » des années 1970

Dans les années 1970, la France redécouvre son patrimoine local. Après deux décennies marquées par l'apport de la musique américaine, c'est au tour du folk français d'être mis en avant. En premier lieu, la musique bretonne connaît une véritable renaissance ; le public et la presse s'enthousiasment pour ses nouveaux artistes. Les résurgences « folk » se manifestent partout sur le territoire (Alsace, Berry, Pays basque…). Les régions françaises sont à l'honneur, les langues régionales se revalorisent. Dans les années 1980, la décentralisation profite en partie à la valorisation des cultures locales. À l'image de Woodstock[1], les festivals se montent partout sur le territoire. Ils sont la vitrine de la région et mettent souvent à l'honneur la musique locale.

7. Quand jazz et tradition fusionnent

Les musiques traditionnelles ont toujours constitué un riche faisceau d'influences pour le jazz. Ce courant musical, lui-même proche du blues et du folklore américain, apprécie dans les musiques traditionnelles, ses riches sonorités instrumentales et ses gammes exotiques. Dans ce domaine comme dans d'autres, les frontières s'effacent constamment et les emprunts sont constants. Les enregistrements célébrant ces fusions sont nombreux, comme celui de la bossa-nova pour le saxophoniste Stan Getz, John Mac Laughlin et le percussionniste indien Zakir Hussain, Didier Malherbe avec Loy Ehrlich (Hadouk trio) et les innombrables rencontres artistiques présentes sur le label ECM. Sans compter le label Tzadik du saxophoniste américain John Zorn, consacré à une relecture moderne de la culture musicale juive.

8. Musique locale et sono mondiale

L'autre facteur expliquant le goût pour les musiques traditionnelles tient à la formidable ouverture internationale sur les cultures. Au fil des années 1990 et 2000, les musiques se sont mondialisées : les maisons de disques diffusent leurs disques aux quatre coins du globe. Tandis que les musiciens « trad » découvrent les musiques venues de l'Ouest et s'en inspirent, l'Ouest découvre des chants et des musiques inédites. Aujourd'hui, la culture locale bénéficie d'un ancrage global : on parle de « glocalisation » des cultures. Un groupe traditionnel peut jouer un vieil air traditionnel qui se diffusera à des milliers de kilomètres et influencera tel autre artiste. Pour les musiciens, l'étiquette locale compte moins que la musique en elle-même et que les rencontres avec d'autres musiciens.

9. Regards sur la « musique traditionnelle »

Quand on évoque la « tradition », on imagine qu'elle remonte à la nuit des temps. Or, elle est parfois plus récente qu'on ne le pense. Ainsi, la guitare dans la musique bretonne a fait une percée récente et s'est parfaitement intégrée. Par ailleurs, on estime souvent que la musique traditionnelle est figée dans un répertoire, or, elle est toujours en évolution. Par exemple, les instruments électriques ont fait leur entrée

1. Événement qui rassembla des milliers de personnes en 1969.

dans les orchestres africains dans les années 1960 et 1970, recyclant un répertoire ancien. Plusieurs labels se sont ainsi consacrés à faire découvrir « le blues africain » ou « le rock psychédélique turc ». La frontière entre « tradition » et « modernité » est plus mince qu'on ne le pense. De même, les techniques d'enregistrement ont constamment évolué et les mixages ont parfois largement contribué à « relooker » la tradition.

10. Le rôle de la politique culturelle nationale

L'État français soutient les musiques traditionnelles depuis la fin des années 1950 avec l'aide du ministère de la Culture. Ainsi, la DRAC[1] met en place des moyens pour favoriser la diffusion et l'enseignement des musiques locales. Pour Marcel Landowski, proche du ministre André Malraux, l'objectif est de « *briser les privilèges de classe, sauvegarder le patrimoine et de stimuler la création* ». Parallèlement, la France se décentralise et accorde plus d'importance aux régions. Pour ces dernières, la valorisation d'une identité culturelle forte est un enjeu de taille. Les lieux de diffusion et d'enseignement, les festivals et les associations contribuent ainsi à la mise en valeur des musiques traditionnelles locales.

11. Musiques et diaspora

Dans la vieille valise, des vêtements, quelques papiers et un accordéon. Les musiques traditionnelles se trouvent largement soutenues par les pratiques artistiques de la « diaspora ». Avec l'exil volontaire ou forcé de millions de musiciens dans des contextes de guerre ou de déportation politique, les musiques traditionnelles jouent un rôle crucial : elles permettent de conserver des liens forts avec le pays d'origine et la mémoire. Ces musiques de diaspora deviennent ainsi un vecteur d'identité individuelle. Écouter le chanteur kabyle Aït Meguellet ou Cesaria Evora en 2020 est un moyen de garder un lien puissant avec son pays natal.

12. Le puissant moteur de la nostalgie

Ce sont, ainsi, les musiques liées aux migrations, qui constituent une part importante des musiques traditionnelles. Toutefois, ces dernières ne cessent de se renouveler pour construire un ancrage dans le pays d'accueil, tout en rappelant les origines. À ce titre,

1. Direction Régionale des Affaires Culturelles.

les expériences sonores de Natasha Atlas, les chansons de la chanteuse algérienne Souad Massi ou encore de la chanteuse turque Derya Yildirim sont emblématiques d'un pont entre modernité et tradition, entre la musique « d'ici » et celle de « là-bas ».

13. Traditions musicales imaginaires

La musique peut même faire référence à un folklore inexistant ou fabriqué de multiples emprunts. Le groupe L'Attirail s'est illustré dans le genre. Sa musique évoque immanquablement le blues des origines, les disques des grands-parents, le pays lointain et parfois fantasmé mais elle s'en émancipe pour créer quelque chose de neuf. De même, dans les années 1970, le groupe français Malicorne a composé un univers musical particulier en empruntant des éléments folk (Berry, Auvergne), évoquant un passé totalement reconstitué.

14. Le rôle de l'Unesco pour un patrimoine musical

À plus grande échelle, l'Unesco œuvre pour la préservation d'un patrimoine musical mondial. S'il faut protéger les cultures, il faut donc soutenir les musiques : les collecter, les répertorier, les enregistrer et les protéger. La démarche, assez logique, fait face à certaines critiques. En effet, une musique « muséifiée » est-elle encore vivante ? La tradition doit-elle rester figée dans le passé sans s'oxygéner auprès d'influences plus actuelles ?

15. Les novateurs et les gardiens de la tradition

Quand il est question de « culture », la querelle des anciens et des modernes se joue avec virulence. Les gardiens de la tradition veillent, tandis que les « modernes » soutiennent l'intérêt des mélanges et des innovations. La tension entre le passé et le présent est importante dans les regards portés sur la tradition. Certains refusent tout compromis avec les tendances actuelles et défendent une approche « roots », au plus près des origines parfois fantasmées et idéalisées ; d'autres amateurs, au contraire, sont ouverts aux expérimentations originales et aux multiples combinaisons musicales. Les arguments foisonnent de part et d'autre : l'approche traditionnelle serait plus « authentique », tandis que l'approche moderne permettrait de régénérer la tradition avec un son actuel. Ainsi, la critique musicale s'est parfois montrée frileuse devant des mariages musicaux jugés « contre nature »[1].

---

1. *« Le Golden Gate Quartet* [...] *n'a cessé de dénaturer le negro-spiritual. Celui-ci est un chant spontané, sauvage, une profession de foi qui tient plus du cri que de la modulation. Or le Golden Gate Quartet*

1. La musique bretonne régionale et nationale

Quand vous étiez petit, peut-être avez-vous chanté « La Jument de Michao » ou « La tribu de Dana » ? C'est bien possible, tant ces chansons symbolisent le rayonnement musical de la Bretagne à l'échelle nationale et même au-delà. Mais comment est né ce succès et que reflète-t-il des relations entre la région et le pays ?

2. (R)éveil breton

La musique a toujours été présente en Bretagne mais le XXᵉ siècle consolide son importance avec l'essor des bagads[1] et des fest noz[2] ; début 1970, quelques artistes font revivre de vieux airs traditionnels en leur insufflant innovation et modernité. Alan Stivell, tout d'abord, développe un jeu innovant à la harpe celtique et intègre des éléments rock, comme le groupe Tri Yann qui, lui aussi, mélange instruments folk et électriques. D'autres artistes comme Glen Mor, Gweltaz ar fur ou Maripol mettent en avant la langue bretonne dans toute sa diversité.

3. Musique et revendication identitaire

À travers ce renouveau culturel, la Bretagne affiche son identité régionale forte. Les premières écoles de breton se développent avec succès et le mouvement indépendantiste se fait entendre en réclamant l'autonomie de la région. En face, un État français encore très centralisateur à l'époque, semble aussi éloigné des problématiques locales.

4. La sauvegarde du patrimoine musical breton

Cette dynamique musicale en Bretagne s'appuie sur la notion de « patrimoine » : l'idée d'une culture à protéger et à sauvegarder car le renouveau culturel breton se développe au moment où la culture locale menace de disparaître. L'association Dastum se mobilise et ses bénévoles partent dans les villages reculés, afin d'enregistrer les dernières personnes qui connaissent des airs anciens. Le travail de collecte et d'enregistrements de Dastum a permis de sauvegarder un fonds colossal autrement voué à l'oubli. Une sauvegarde que la Bretagne doit faire,

---

[...] *s'efforce de le contrôler, de le policer. Ce n'est pas ce que nous cherchons (pour cet usage, nous avons les cantates de Bach).* », Jean Wagner, *Télérama*, 22 février 1975, Clyde Wright, Sings Jesus ».

1. Orchestre traditionnel avec biniou, bombarde et percussions.
2. Fête traditionnelle bretonne.

également sur le plan de l'environnement. En effet, en 1978, son littoral subit l'une des plus graves marées noires du pays avec le naufrage de l'Amoco Cadiz, au large du Finistère.

5. Contexte social et économique

L'urgence de sauvegarder la culture locale est animé par un vif sentiment de nostalgie et d'inquiétude. Alors que la Bretagne a perdu beaucoup d'hommes durant les deux guerres mondiales, l'exode économique a pris la suite et continue à vider les campagnes de ses habitants au profit des villes[1]. Rennes, Brest et Nantes attirent les jeunes qui se détournent des travaux agricoles de leurs parents. Les campagnes bretonnes tendent à vieillir sous l'effet du départ des jeunes.

6. Les Bretons à Paris

Paris accueille également de nombreux Bretons. Autour de la gare Montparnasse, l'arrondissement parisien devient pour certains un nouveau département breton. La musique bretonne bénéficiera de cette diaspora parisienne car les maisons de disques nationales sont situées dans la Capitale et complètent le travail des dynamiques labels bretons tels que Coop Breizh. La Mission bretonne, par ailleurs, offre très tôt une scène où se produisent de nombreux artistes.

7. Bretagne 2.0

Depuis 20 ans, la scène musicale bretonne continue à afficher son étonnante vitalité. Tandis que les « anciens » poursuivent leurs carrières et se renouvellent (Dan Ar Braz, Denez Prigent…), Manau recycle en rap le « Tri Martolod » de Stivell qui devient « La Tribu de Dana ». Nolwenn Leroy (album *Bretonne*) remporte un triomphe. Quant aux festivals, rien ne dément leur succès, depuis le Festival Interceltique de Lorient, depuis presque 50 ans, jusqu'aux Vieilles Charrues de Carhaix. « Kenavo, Breizh »[2] !

1. Le disque *Urba* de Tri Yann reflète bien ce sujet.
2. En breton : « salut, la Bretagne ! ».

Testez-vous !

1. Vrai ou faux ?

		V	F
1	Marcel Landovksi est un proche d'André Malraux.		
2	Les années 1970 ont connu un renouveau folk.		
3	La « glocalisation » est une notion qui gomme les frontières entre « local » et « global »		
4	Ocorama est un label de musique traditionnelle.		
5	La DRAC est un style musical occitan.		
6	Derya Yildirim est une chanteuse turque.		
7	Aït Menguellet est un chanteur basque.		

2. Testez votre culture musicale ! Associez les artistes à leurs régions[1]

Cie Lubat	1	a	Occitanie
Dupain	2	b	Bretagne
I Muvrini	3	c	Alsace
Negu Gorriak	4	d	Auvergne
Patrick Bouffard	5	e	Corse
Les Ramoneurs de menhirs	6	f	Gascogne
La Manivelle	7	g	Pays basque

1. Réponses : 1f, 2a, 3e, 4g, 5d, 6b, 7c.

3. Testez votre culture musicale ! Reliez les styles musicaux et leurs pays[1]

Raï	1	a	Japon
Ragtime	2	b	Maroc
K pop	3	c	USA
Kabuki	4	d	Espagne
Gnaoua	5	e	Suisse
Tarentelle	6	f	Portugal
Fado	7	g	Italie
Flamenco	8	h	Algérie
Yodel	9	i	Corée

1. Réponses : 1h, 2c, 3i, 4a, 5b, 6g, 7f, 8d, 9e.

Chapitre 5

Diversité musicale et standardisation

Nos goûts sont-ils plus variés depuis Internet ?

Existe-t-il un diktat des goûts musicaux ?

Sommes-nous aliénés par l'industrie musicale ?

1. « Chacun ses goûts, non ? »

A priori, rien ne nous interdit d'avoir nos propres goûts musicaux : vous n'aimez que John Zorn ; vous, c'est Berlioz ou rien ; vous adorez Barbara ; d'autres ne jurent que par le rock progressif italien. Pour d'autres, ce sera le reggae, bref ; chacun est libre d'aimer ce qu'il veut. Ou de ne rien aimer en particulier. Ou encore de ne rien écouter du tout ! En la matière, on a l'embarras du choix et chacun est libre d'aimer ce qu'il veut. Mais curieusement, ce n'est pas si simple.

2. Les goûts des autres

Nous sommes peut-être moins libres que nous le souhaiterions car nos goûts se forgent bien souvent au contact de nos proches. Il peut s'agir de nos « pairs » : amis, connaissances ou copains qui nous font découvrir un nouvel artiste ou un groupe qu'ils aiment. Les conseils peuvent varier de la simple suggestion (« tiens, écoute ça ! » à l'ordre déguisé (« si tu n'aimes pas ça, alors, tu n'as rien compris à la musique ! »). Le goût des autres, c'est aussi la musique de nos « pères » : musique écoutée en famille, inscrite très tôt au creux de notre oreille, la musique de nos parents devient très vite une référence… qu'il est toujours temps de mettre à l'écart plus tard dans nos vies.

3. « Ces chansons qui nous unissent »

Nos goûts musicaux ont ainsi tendance à se standardiser pour deux raisons principales. La première raison est que nous adhérons aux valeurs et aux goûts de nos groupes, de nos amis, de nos proches. Par loyauté ou par conformisme, nous validons ce qu'aiment nos amis. Autre raison, à grande échelle : l'industrie musicale tire un meilleur profit en vendant un artiste à plusieurs millions de fans plutôt que des millions d'artistes à des millions d'amateurs. Le vedettariat, la célébrité sont des ressorts commerciaux très sûrs. Il faut donc rentabiliser l'investissement fait sur l'artiste.

4. La musique « mainstream »

Mais alors, la musique que tout le monde écoute est-elle plus « simple », moins bonne, pour plaire à un maximum de personnes ? Les avis sont partagés sur la question ! Selon certains, fabriquer un « tube » exige de la simplicité dans les textes et la musique. D'autres soutiennent qu'une œuvre de grande qualité peut séduire un maximum de monde. Un constat demeure : certains artistes bénéficient d'une large diffusion et d'une immense promotion. On appelle « mainstream » ces musiques largement médiatisées et soutenues par une importante production (publicité, teaser, clips, émissions TV et radio).

5. La critique de l'École de Francfort

Dans les années 1940, Theodore Adorno réalisa une vive critique de la standardisation des goûts artistiques. Il estimait que le public était dépendant des produits culturels que lui imposaient les médias à travers la radio et le cinéma. La critique d'Adorno, qui portait davantage sur les images que sur la musique, est restée présente jusqu'aujourd'hui dans l'analyse critique : si on nous « bombarde » les mêmes artistes à longueur de clips, on finira donc forcément par tous par les adopter. Mais alors, où est passé notre libre arbitre ? Où est donc passé notre esprit critique ? Subissons-nous un matraquage musical en bonne et due forme ?

6. La diversité musicale à portée de clic

La situation culturelle que décrit Adorno n'a plus beaucoup de points communs avec la nôtre. En effet, en 1940, le cinéma hollywoodien prend son envol, la TV n'en est qu'à ses balbutiements, la radio est bel et bien présente ; les disques sont rares et chers, encore sous la forme de 78 tours et surtout… Internet n'est encore que de la pure science-fiction ! Il y a 60 ans, l'accès à la musique passait donc par les concerts ou par la pratique musicale mais les enregistrements sonores n'étaient pas encore très démocratisés. Aujourd'hui, n'importe qui peut découvrir de nouveaux courants en un seul clic et gratuitement. Les médiathèques continuent également de mettre à disposition un catalogue abondant, accessible à peu de frais. La musique, toute la musique, nous ouvre ses bras.

7. Découvrir de la musique avant Internet

Avant la révolution numérique, les moyens d'écouter de nouveaux artistes étaient les suivants : la presse musicale chroniquait les nouveautés et guidait les achats des amateurs. Moyennant un prix modique, les médiathèques permettaient (et permettent encore !) d'emprunter des albums. Les compilations sur des cassettes audio puis à leur tour, les CD enregistrables se passaient de mains en mains. Les disquaires, enfin, sélectionnaient des nouveautés à l'écoute. Dans tous les cas, la prescription ou les conseils s'effectuaient de personne à personne.

8. Découvrir de la musique depuis Internet

Depuis la révolution numérique, les playlists ont pris en charge une partie de la prescription musicale. Il existe deux types de play lists : le premier est un choix aléatoire qui repose sur des algorithmes ; vous avez écouté tel et tel titres, alors l'algorithme vous propose tel et tel autres titres. Avantage : *a priori*, une certaine cohérence dans l'offre ; inconvénient : le risque de tourner en rond et de ne jamais sortir de sa sphère musicale de prédilection. L'autre type de playlist est réalisé par des employés et s'établit avec l'insistance des majors qui tâchent de placer « leurs » artistes dans les listes en question.

9. Comment accéder à toutes les nouveautés à la fois ?

Comme avant Internet, les prescripteurs jouent à la fois le rôle de « passeurs » mais aussi de filtres, à la façon d'un entonnoir. Aujourd'hui comme hier, quand 20 000 nouveaux titres sortent chaque mois, les playlists ne vous en proposent guère qu'une cinquantaine. C'est peut-être déjà beaucoup en comparaison avec le temps que nous avons à leur consacrer. Un risque réel d'approche « superficielle » plane sur nos découvertes : un éternel zapping de quelques secondes pour pré-sélectionner un court morceau que l'on écoutera en entier.

10. Passer de l'album à des morceaux

Dernière différence de taille, alors que les groupes d'hier préparaient un album (un disque de 8 à 15 titres), l'artiste n'a plus forcément besoin de le faire aujourd'hui car les morceaux s'achètent à l'unité. Avec ce changement *a priori* anecdotique, c'est la carrière des groupes qui est bouleversée car elle se rythme désormais différemment. D'autres évènements viennent ponctuer la vie artistique : la saison des festivals, les clips, etc.

11. Devenir spécialiste de ses goûts musicaux

Pour l'amateur de musique d'hier à aujourd'hui, la question reste entière et passionnante : comment forgeons-nous nos goûts ? Comment évoluent-ils au cours de nos vie ? Quelle part de hasard intervient dans nos choix esthétiques ? Quelle importance accordons-nous à nos goûts musicaux ? Et choisit-on encore « son » disquaire comme l'on choisit son coiffeur ou son boucher ?

12. Écouter : analyser ou se laisser séduire ?

Enfin, quelle attitude adoptons-nous quand nous écoutons de la musique ? Du léger fond musical pour travailler, que l'on écoutera d'une oreille distraite à l'œuvre que l'on approche « tout ouïe » en coupant son portable pour ne pas être dérangé, la marge est immense. Aime-t-on immédiatement tel artiste ? Combien de fois sommes-nous prêts à écouter notre morceau préféré ? Enfin, quelle analyse faisons-nous des sons qui parviennent à nos oreilles ? À moins que l'on préfère se laisser ravir dans la délectation…

Testez-vous !

1. Choisissez la bonne réponse

1	Un essayiste qui a sévèrement critiqué le rôle des médias.	Théodore Adorno	Théodore Roosevelt
2	Époque de l'essayiste sévère envers les médias.	1950	1940
3	Définition de « sélection informatique basée sur des statistiques »	algorithmes	aérostats
4	Synonyme de « partagé par tous »	streaming	mainstream
5	Synonyme de « sélection choisie »	playloud	playlist
6	Courant de pensée critique sévère envers les médias	École de Berlin	École de Francfort

2. Mettez les supports dans l'ordre chronologique

CD	33 et 45 tours	Cassette audio	78 tours	MP3

3. Et vous, la musique, vous l'écoutez comment ?

1	À la maison, la musique est…		Dans votre baladeur numérique et votre ordinateur
			Sur des étagères, pas loin de la chaîne
			À la radio et sur YouTube©
2	Vous allez aux concerts…		Jamais, trop cher, trop loin et sans intérêt
			Tout le temps, pas plus tard qu'hier !
			De temps en temps uniquement
3	En moyenne, vous en écoutez…		Au moins 1 heure par jour
			Au moins 1 heure par mois
			Toute la journée
4	Qui vous en fait découvrir ?		Vos amis
			Vous adorez découvrir seul !
			La presse, les médias

Chapitre 6
Musique et générations

Écoutons-nous de la musique en opposition à nos parents ?

Comment se transmet la musique d'une génération à l'autre ?

Comment s'imposent les nouveaux sons ?

1. « My generation »

Une génération se définit par des références communes ou un vécu commun : on a traversé les mêmes épreuves, on a fait les mêmes découvertes ; très logiquement, la musique vient jouer un rôle de « référence » commune : on aime les mêmes artistes, on a les mêmes enregistrements, on connaît les paroles par cœur. Les sons sont typiques d'une même génération. Rétrospectivement, se trouver des goûts en commun peut nouer des liens sociaux insoupçonnables. À travers la musique, les générations affirment leur identité les unes par rapport aux autres.

2. Les CD de mon père

À l'échelle familiale, la musique offre le reflet des goûts individuels et des goûts collectifs. Ainsi, la musique écoutée durant l'enfance, diffusée par les parents, présente un cadre collectif primaire de références partagées. À fil des ans, ces références peuvent être reléguées, mises à distance ou encore adoptées à nouveau. Elles sont ni plus ni moins le reflet des relations familiales ! Les supports jouent un rôle de marqueur générationnel : ainsi, les CD de vos parents occupent peut-être une place particulière selon l'intérêt qui leur est porté. La technique change avec les générations ; les magasins ne proposent pas toujours de quoi écouter les supports les plus anciens.

3. Les vinyles de mon grand-père

Mais les supports jouent aussi la valse des modes ! Ainsi, le disque vinyle fit son apparition dans les années 1960 et dura jusqu'à la fin des années 1980. Le CD, nouvelle génération d'enregistrement, a relégué le disque vinyle dans les vide-greniers durant une bonne vingtaine d'années. Mais dans les années 2000, il refait son apparition !

Les mélomanes défendent son retour avec vigueur : plus complet, plus « artistique », il serait doté de qualités sonores supérieures. Résultat : le disque 33 tours réapparaît dans les magasins de disques, plébiscité par les jeunes et les moins jeunes.

4. Transmissions familiales

La musique est aussi affaire de transmission familiale. À l'occasion d'un déménagement ou d'une succession, on transmet à ses descendants ce que l'on aime et ce qui nous reflète. Très logiquement, on transmet ses disques. L'avenir dira si les clés USB contenant des MP3 se transmettront demain comme on transmet aujourd'hui ses 33 tours (!) mais l'idée est la même. Au cours de la vie, l'éducation familiale est le lieu de passage de témoin d'une culture de parents à enfants. Qu'elle soit accueillie avec soin ou rejetée, cette culture est présente : la musique s'exhibe dans le salon ou bien elle encombre les greniers.

5. Ruptures musicales

Mais affirmer sa génération, c'est aussi jouer le jeu de la rupture musicale. Si l'on veut construire et affirmer son identité par contraste avec celle de nos parents, alors la logique veut que l'on renie leurs goûts et qu'on leur oppose les nôtres. Metal, rap, electro mais aussi free-jazz : de nombreux courants musicaux sont marqués par leur fonction de « rupture » générationnelle. Le volume sonore soutient cette idée : la musique jouée par les adolescents s'écoute fort pour mieux s'imposer dans le paysage familial. Le message est bref : « j'existe ! » et il est vociféré aux oreilles des parents.

6. Le grand boom des yé-yés

Dans l'histoire de la musique pop, la génération des yé-yés a joué un rôle important. C'est, en effet, la jeunesse du baby-boom qui s'exprime à travers elle : une jeunesse nombreuse née après la guerre et désireuse d'afficher haut et fort son identité. La France traverse mai 1968 et c'est cette même génération qui réclame de la nouveauté dans les vieilles institutions françaises. Ce vent de liberté a ses porte-paroles avec Antoine, France Gall, Sylvie Vartan ou Richard Anthony. Cette génération bénéficie de la démocratisation des supports musicaux : les premiers 45 tours (disque contenant deux chansons) et 33 tours (plusieurs chansons).

7. Le courant punk, musique en rupture

Fin des années 1970, sous l'effet des deux chocs pétroliers qui annoncent la crise économique, le ton musical se durcit et une scène punk, très présente en Angleterre, fait son apparition en France. Des groupes comme Les Rats ou Les Cadavres montent sur scène et font hurler leurs guitares. Ils chantent la désillusion et la révolte, le message d'une génération qui connaît, pour la première fois, les difficultés d'insertion et le chômage liées à la crise économique.

8. La vague du rap : « Faites du bruit ! »

Au tournant des années 1980, les groupes de rap américains font des émules dans la scène française : les jeunes Français découvrent Lionel D, Distroy Man et Sidney peu avant que IAM et NTM ne s'imposent avec force à la radio et enflamment la jeunesse tout entière. Le courant rap s'est aujourd'hui largement répandu et continue à faire adhérer les jeunes et les moins jeunes. Les festivals ouvrent leurs plateaux aux artistes en herbe, à l'image de Logique Hip-Hop à Marseille qui a organisé des ateliers de sample et de graf en plus de sa scène live, à la fin des années 1990.

9. Recyclages musicaux

La musique se prête aux recyclages. Elle emprunte aux sons d'une autre époque, à une esthétique, à des instruments : elle incorpore, elle construit de nouveaux hybrides, elle revisite un répertoire ou un artiste. La nouveauté radicale, dans le domaine musical, existe moins que l'évolution par vagues ou par cycles et d'autres facteurs entretiennent le mouvement. Ainsi, l'industrie musicale vend plus facilement des choses que l'on reconnaît (« Stars des années 1980 », « Les Lacs du Connemara » …). La nostalgie, par ailleurs, est un puissant moteur pour le recyclage : « on se souvient » tout en restant dans notre époque.

10. Le phénomène des hommages

Les hommages marchent bien et alimentent les thèmes des plateaux TV. À l'occasion de la disparition d'un artiste, par exemple, les hommages sont fréquents. On repasse ses chansons les plus populaires, d'autres artistes viennent donner une nouvelle version de chanson du disparu… Certains voient dans ce phénomène des « hommages » le signe d'une société exagérément tournée vers le passé. S'il y a autant d'hommages aujourd'hui, c'est que l'actualité artistique serait moins intéressante que par le passé : question à débattre !

11. Les charmes multiples des reprises

Assis sur son lit devant sa webcam, un jeune artiste interprète du Charles Aznavour. Sur scène, devant un public important, ils sont nombreux à faire la reprise d'un artiste ou d'un groupe connu. L'émotion est redoublée : le plaisir de la musique s'ajoute à celui de la reconnaissance ! Artistiquement, le message est complexe : on fait (re)vivre un morceau, on ressuscite son auteur et l'interprète peut y imprimer sa « patte ».

12. La séduction risquée de la nouveauté

La nouveauté en musique jouit d'un attrait constant. L'industrie musicale s'en alimente, les TV aussi, les festivals en raffolent. Les mélomanes, eux, l'apprécient variablement. Les critiques musicales, elles aussi, sont parfois frileuses devant les nouveaux artistes, ainsi, le critique musical de Télérama chroniquant le premier album de Renaud : « *Si c'est une plaisanterie, elle est d'un mauvais goût très sûr* »[1]. La nouveauté musicale est souvent entachée par le soupçon car elle bouscule les codes et entend balayer les œuvres actuelles vers le passé. Elle oppose ceux qui l'acclament à ceux qui la stigmatisent.

13. Le passé de rétro à vintage

Comme toutes les modes, les courants musicaux ont une vie mouvementée. Quand le courant musical n'est plus d'actualité, évincé par un nouveau style, alors il disparaît aux oubliettes. Son image se racornit avant d'être marqué par le stigmate des choses « démodées ». D'actuelle, la musique passe ainsi à « ringarde ». Avec l'accélération de nos modes de vie, le cycle d'actuel à « ringard » s'accélère. Puis, tel le Phénix, un artiste ou un courant musical sont remis au goût du jour. Ainsi, la musique « rétro » continue à exister, au gré des reprises, comme celle que lui consacrait la chanteuse Anaïs en 2012 avec son album de reprises rétro, *À l'eau de javel*, du nom d'un détergent pratique pour nettoyer en profondeur et donner de l'éclat !

14. Au-delà des générations

Mais, en matière de musique, on peut voir les choses autrement qu'en termes de « générations » ! On peut ainsi considérer que la musique est « cumulative » et qu'une nouveauté ne chasse pas l'autre. Plus le temps passe et plus vous avez accès à un catalogue d'œuvres nouvelles ! Internet se prête d'ailleurs beaucoup à

1. Jacques Marquis, critique du premier album de Renaud, *Télérama* n° 1321, 10 mai 1975.

ces communautés de fans déconnectés du diktat des musiques actuelles. Certains genres se prêteraient mieux que d'autres à cet accueil au sens large : la musique classique et le jazz. Personne pour vous reprocher d'aimer Scott Joplin (début du XXe siècle) ou Jean-Sébastien Bach (fin XVIIe siècle).

➲ Focus sur... La Fête de la musique

1. Toutes les musiques en fête

C'est l'été le 21 juin ! et c'est aussi la Fête de la musique. Groupes, chorales, musiciens isolés envahissent l'espace public et sortent leurs instruments. Depuis son instauration par Jack Lang en 1982, tout le territoire fait résonner les décibels ce jour-là. Le tapage nocturne ou plutôt « trouble de voisinage » se met en veille ce 21 juin au profit des instruments et des clameurs amplifiées.

2. La musique, toutes les musiques

Célébrer la musique sous toutes ses formes et valoriser le « vivre ensemble » à travers la pratique collective : tels étaient les motifs initiaux de cette célébration. Son objectif est d'ailleurs atteint. En effet, chaque année, ce sont des dizaines de milliers de scènes qui se montent pour l'occasion entre les grandes scènes amplifiées (parvis municipaux, grandes places publiques, salles des fêtes...) et les cafés qui installent une sono.

3. La consécration des amateurs

La Fête de la musique a fait des émules à l'étranger puisqu'elle est désormais célébrée dans une centaine de pays. Elle témoigne de deux choses : l'amour indéfectible des citoyens pour tous les genres musicaux car on y interprète ce jour-là aussi bien des chants grégoriens que du rap. Mais la Fête témoigne aussi de l'étonnante vitalité de la pratique musicale amateur. Le musicien du dimanche ou le petit groupe de rock répétant généralement dans sa cave sortent le grand jeu, le 21 juin !

➲ Focus sur… Le radio-crochet d'hier à *The Voice*

1. Allez-vous remporter The Voice ?

Des millions de téléspectateurs suivent l'émission devant leur écran et voient les coaches se retourner en écoutant la voix des postulants. *The Voice* repose sur le principe des auditions à l'aveugle qui donnent toutes leurs chances aux candidats d'être sélectionnés auprès de professionnels du spectacle connus. C'est devenu un phénomène mondial, l'émission se jouant dans de nombreux pays.

2. 20 ans de Star Ac' et de Nouvelle Star

Avant The Voice, la Star Academy puis la Nouvelle Star ont occupé l'écran. Le principe : une sélection sur castings locaux puis l'entraînement intensif d'une quinzaine de candidats avant le passage tant attendu. L'issue donnait lieu à la signature d'un contrat avec une maison de disque.

3. Le radiocrochet

Rien de nouveau avec ces émissions car elles s'inscrivent dans la longue tradition de la chanson à la radio et à la TV. Du Petit Conservatoire de Mireille à L'École des Fans avec Jacques Martin, la TV a toujours ouvert ses plateaux aux candidats à la célébrité. Dans les années 1930, c'est le radiocrochet qui fait son apparition avec des concours pour sélectionner les meilleurs talents en lice.

4. The Voice : art ou simple business ?

De la Star Ac' à The Voice, les critiques sont les mêmes : s'agit-il de faire émerger de nouveaux talents ou plutôt de ressasser les mêmes rengaines ? Le grand public s'enthousiasme mais les audiences diminuent à chaque saison. D'autres, enfin, s'irritent à entendre reprises ces éternelles chansons de variété française constamment célébrées sans innovation. Le débat est ouvert.

5. Ce que la TV ne peut pas montrer

Autre reproche envers ces voix postulantes à la TV : les émissions ne montrent que les rares séquences « émotion » : la prestation finale devant les jurés. Pourtant, le travail du chant, de la voix dure longtemps, de façon répétitive et avec acharnement. L'émission The Voice ne donnerait-elle pas l'illusion d'un talent inné ?

➲ Focus sur... la webradio *Bide et Musique*

1. Un projet d'amateurs de webradio

Au tournant des années 2000, un petit groupe d'amis décide de mettre leurs morceaux préférés en commun à la façon d'une webradio : diffuser des titres en « streaming » : Bide et Musique est née ! Mais leurs goûts se portent sur un répertoire particulier. En effet, ils choisissent des morceaux oubliés ou n'ayant pas connu de succès, souvent issus des années 1970 et 1980.

2. Des 45 tours de la brocante à la numérisation

Dans les années 1970 et 1980, les disques sortent à une vitesse vertigineuse. Les maisons de disques (Carrère en tête) lancent de nombreux artistes et les 45 tours s'enchaînent à vive allure. Dans ce domaine, beaucoup de prétendants et peu d'élus. Beaucoup de ces 45 tours encombrent donc désormais les greniers ou se retrouvent sur les vide-greniers. Bide et Musique est une webradio qui chérit ces prétendants au succès qui n'advint pas toujours. Le 45 tours est alors numérisé et intégré au catalogue. Les « bidonautes » font ensuite vivre la chanson au fil de leurs commentaires érudits ou de leurs avis mi-amusés mi-éclairés.

3. Les stars du « bide »

De nombreux artistes figurent au catalogue. Des plus connus (Annie Cordy, Plastic Bertrand...) aux acteurs qui se sont essayés à la chanson (Roger Carel, Annie Girardot...) en passant par tous les artistes dont la carrière a tourné court, Bide et Musique diffuse aussi des chansons qui font invariablement lever un sourcil circonspect ou provoquer de grands éclats de rire. Du plus douteux (Faby et Alexandre) au plus ringard (Poupougne et Chloé), en passant par des paroles vraiment légères (Clarisse Weber, Waylon). Témoins d'un autre âge, les trésors de Bide et Musique font adhérer un public d'amateur de « second degré » !

Testez votre culture musicale !

1. Qui est l'intrus dans la liste ?[1]

1	Marc Lavoine	**5**	Florent Pagny
2	Julien Clerc	**6**	Whitney Marin
3	Soprano	**7**	Solana Pujol
4	Jenifer	**8**	Kendji Girac

2. Qui a interprété ces chansons avant Kids United ?[2]

1	« Santiano »	
2	« L'Oiseau et l'enfant »	
3	« Tout le bonheur du monde »	
4	« Les lacs du Connemara »	
5	« Qui a le droit »	

3. Reliez les artistes à leur génération[3] :

		Yé-Yés	**Pop '70**	**Punk**	**Rap**
1	Stinky Toys				
2	La Fouine				
3	Akhenaton				
4	Les Chats sauvages				
5	Bérurier noir				
6	Martin Circus				
7	Les Chaussettes noires				
8	Oberkampf				
9	Triangle				
10	Alice				

1. Réponse : 7, tous les autres sont participé à The Voice.
2. Réponses : 1 : Hugues Aufray, 2 : Marie Myriam ; 3 : Sinsemilia ; 4 : Michel Sardou ; 5 : Patrick Bruel.
3. Réponses : 1, 5, 8 : punk ; 2, 3 : rap ; 4, 7 : yé-yés ; 6, 9, 10 : pop '70.

Chapitre 7

Musique antique et divines mathématiques

Qui sont les Muses ? Pourquoi le chant de la sirène fait-il si peur ? Les planètes sont-elles musiciennes ?

À travers l'importance des Muses, on peut relever la primauté de la musique dans les sociétés antiques, qui la consacre science et reine des mathématiques avec Pythagore. Le chant est aussi l'expression du mystère et c'est ce que dit la croyance dans les Sirènes.

1. Très chères Muses

Le mot musique dérive de *Muse*, terme emprunté au grec *mousa* signifiant « la parole chantée » et « la parole rythmée ».

Les Muses sont filles de l'union de Zeus avec Mnémosyne, déesse de la mémoire. Le poète Hésiode dit que ce sont « neuf filles, aux cœurs pareils, qui n'ont en leur poitrine souci que de chant et gardent leur âme libre de chagrin, près de la plus haute cime de l'Olympe neigeux » ; quand elles chantent, le monde entier est comblé. Les Muses marquent la primauté de la musique dans l'univers et elles sont la source de l'inspiration du poète, permettant à ce dernier d'acquérir une mémoire dont elles sont les garantes. Elles œuvrent à l'unisson et voient « ce qui est, ce qui sera et ce qui fut ». Euterpe, Muse incarnant la musique est représentée accompagnée d'une lyre, d'une cithare, d'une trompette ou plus simplement d'une flûte.

2. Sacrées Sirènes

La tradition a pris l'habitude d'opposer les Muses aux Sirènes. Alors que le chant des premières réjouit et enchante, le chant des secondes, pourtant tout aussi beau, exerce sur qui l'entend un pouvoir de séduction qui conduit à la mort. Ce n'est pas un chant funeste mais il est fatal à celui qui l'écoute.

Les sirènes tantôt femmes-poissons, tantôt femmes-oiseaux apparaissent généralement au nombre de trois et présentent un grand talent pour la musique. Elles sont tour à tour chanteuses, joueuses de flûte ou de citole, un instrument à cordes pincées ressemblant à une guitare à manche court. La littérature donne une place prépondérante à la Sirène comme figure allégorique de l'enchantement et d'une vérité que l'homme ne peut entendre qu'à la condition d'y laisser sa vie. Les trois extraits suivants attestent d'un intérêt qui se renouvelle à travers les siècles, de l'Antiquité à l'ère moderne.

a. Ulysse et les Sirènes

Le pouvoir d'envoutement du chant des sirènes est bien connu et Ulysse est le premier à en donner la preuve. Dans l'*Odyssée*, Ulysse, à bord de son navire a pris les précautions utiles pour survivre au chant des sirènes et est attaché au mât. Les Sirènes s'adressent à lui ; « Viens, Ulysse fameux, gloire éternelle de la Grèce, arrête ton navire afin d'écouter notre voix ! Jamais aucun navire noir n'est passé là sans écouter de notre bouche de doux chants. Puis on repart, charmé, lourd d'un plus lourd trésor de science. Nous savons en effet tout ce qu'en la plaine de Troie les Grecs et les Troyens ont souffert par ordre des dieux, nous savons tout ce qui advient sur la terre féconde… » (Chant XII de l'Odyssée, Homère, VIIIe siècle avant J.-C.). Dans l'Antiquité, la Sirène est perçue comme détentrice d'un savoir qui peut être funeste à celui qui l'entend. Le chant de la Sirène recèle ce savoir.

b. Sirènes médiévales

Paru en 1210, ce *Bestiaire divin* composé de 35 chapitres connut un grand succès à son époque. Il a été écrit par un trouvère[1] anglo-normand. « Lorsque nous nous laissons enchanter par le monde et que nous nous endormons au sein des plaisirs qu'il nous offre, la sirène, c'est-à-dire le démon, tombe sur nous et nous tue. Les marins, pour échapper à la voix trompeuse des sirènes, étouppent[2] leurs oreilles afin de ne rien entendre. L'homme qui veut conserver sa chasteté au milieu du monde, doit pareillement fermer ses oreilles et ses yeux. » (*Le bestiaire divin de Guillaume Clerc de Normandie*, trouvère du XIIIe siècle publié d'après les manuscrits de la Bibliothèque Nationale, chapitre XII). Au Moyen Âge, la Sirène est une figure allégorique de la séduction féminine ; la Sirène incarne alors la tentation mortelle.

c. Sirènes modernes

Dans son introduction du *Livre à venir*[3], Maurice Blanchot s'interroge sur le mystère du chant de la Sirène que certains affirment « en marge de la nature ». « Mais […] parce que les Sirènes qui n'étaient que des bêtes, fort belles à cause du reflet de la beauté féminine, pouvaient chanter comme chantent les hommes, elles rendaient

1. Un trouvère est, au Moyen Âge, un poète et un jongleur s'exprimant dans la langue d'oïl parlée au nord de la France. Le mot « trouvère » se fonde sur le verbe *trouver*, mettant ainsi en évidence l'inventivité du poète. L'homologue du trouvère s'exprimant dans la langue d'oc (parlée au sud de la France) est le troubadour.
2. Garnir d'étoupe pour boucher et ainsi rendre étanche. L'étoupe est une matière fibreuse issue du chanvre ou du lin.
3. *Le Livre à venir*, Maurice Blanchot, 1959.

le chant si insolite qu'elles faisaient naître en celui qui l'entendait le soupçon de l'inhumanité de tout chant humain. C'est donc par désespoir qu'auraient péri les hommes passionnés de leur propre chant ? ». Ainsi, Blanchot réactualise le mystère du chant de la Sirène. Ce chant peut paraître insupportable à celui qui l'entend car il contrefait la voix humaine et la dépasse en beauté.

3. La musique des sphères

Au VIIe siècle avant J.-C. Pythagore est le premier à formaliser une théorie de « l'Harmonie des sphères » associant musique et astronomie. Cette théorie est fondée sur l'idée que le cosmos est régi par des rapports numériques parfaits, le mot « cosmos » désignant d'ailleurs un univers *harmonieux* et *ordonné*.

a. Une science de la mesure

Pour trouver la clé de l'ordre cosmique, Pythagore établit un rapport entre les 7 planètes alors découvertes et les notes de musique. Pour ce grand savant, la musique est avant tout une science sensible de la mesure et cette science des sons est supérieure aux mathématiques car elle permet de trouver la justesse, alors que certains calculs mathématiques ne parviennent pas à un résultat précis.

b. Soigner les âmes grâce à la musique des planètes

Pythagore suppose que les planètes émettent des notes. Ainsi, notes, intervalles et tons font l'objet d'études mathématiques poussées en lien avec l'astronomie. Les 7 cordes de la lyre, instrument céleste par excellence, correspondent à une planète particulière et à un jour de la semaine. Le mot « harmonie », dérivé du grec *harmonia*, signifie arrangement, ajustement, et désigne plus précisément la manière d'accorder la lyre. En jouant de la lyre, on peut faire résonner le cosmos et même remettre les facultés de l'âme à leur juste place. La science des sons a une fonction médicale de premier plan.

3. Musique et mathématiques à travers les siècles

La théorie de *l'Harmonie des sphères* atteste d'un lien fort et persistant à travers les siècles d'une musique dont la production est associée au divin. Au Moyen Âge, l'étude de l'harmonie est une partie intégrante des mathématiques et la lyre s'étoffe de cordes au fur et à mesure des découvertes en astronomie et de la conception de l'univers, conception marquée par le religieux. L'instrument céleste possède 15 cordes au Moyen Âge, preuve que le ciel et les croyances se sont chargées de nouvelles entités. De nombreux musiciens et artistes ont appliqué les rapports de nombres aux arts ; ainsi, en 1894, Claude Debussy met en musique un poème symboliste de Stéphane Mallarmé : *Prélude à l'après-midi d'un faune.* Cette pièce courte (une dizaine de minutes) étonne ceux qui l'ont écoutée par une sensation d'harmonie profonde. Debussy, initié aux secrets du nombre d'or (celles des suites de nombres de Fibonacci) utilise dans son œuvre des proportions mathématiques.

➲ Focus sur « Le divin dans la musique », *Le Menestrel*, Marie Jaell, (1886)

Dans le « Le divin dans la musique », un article, Marie Jaelle (1846-1925) compositrice et pianiste virtuose montre comment la musique interfère favorablement dans la vie des hommes, par l'adoucissement de leurs mœurs, la guérison ou la résolution de conflits. À travers le monde, la musique est partout perçue comme un phénomène lié au divin comme en attestent les exemples ci-dessous, recensés par l'auteure.

« *En Chine, l'empereur Tuhun (2300 avant J.-C.) disait, en chargeant Quéi de la mission de l'enseignement musical : la musique est l'expression des sensations de l'âme ; si l'âme du musicien est vertueuse, sa musique doit être imprégnée d'une expression si céleste qu'elle mettra les hommes en communication avec les esprits du ciel.* »

« *Dans les Indes, l'action miraculeuse de la musique prend des proportions fantastiques : selon les mythes indiens, la musique reconnue d'origine divine pouvait par ses charmes vaincre la nature, les hommes et les dieux eux-mêmes.* »

« *Chez les Hébreux, ce sont les notes divines de la harpe de David qui chassent les démons dont Saül est obsédé.* »

« *En Grèce, le chanteur Terpander, appelé pour apaiser un soulèvement à Sparte, produisit par ses chants une telle sensation sur ses auditeurs, qu'étant touchés jusqu'aux larmes, l'esprit de conciliation s'empara de ceux qui se persécutaient et que l'ordre fut rétabli. De même, plus tard, lorsque la peste éclata à Sparte, on appela, au milieu de cette calamité publique, le chanteur Thaletas, et on attribua à ses chants la disparition de la maladie.* »

➲ Focus sur… La musique et le regard ambivalent des religions

Entre la musique et la religion, c'est une longue histoire d'amour, ponctuée çà et là de quelques bémols. Toutes les religions s'appuient sur le chant et la musique religieuse, vecteurs de foi et de ferveur. Mais sous le regard religieux, aucune musique ne doit pouvoir menacer la morale du croyant…

1. La musique, grande alliée de la religion

Chants religieux, cantiques, renouveau du répertoire pour plaire aux plus jeunes… la musique est une alliée des religions. Elle véhicule la ferveur de la foi, elle resserre les liens entre les croyants et elle transmet la « bonne parole ». Ainsi, les religions offrent à la musique une place de choix. Certains courants, comme celui des Baptistes, développent même une pratique musicale intense, à l'image de leurs messes ponctuées de chants gospell.

2. La musique, rare ennemie des courants orthodoxes

La prohibition de la musique par la religion est rare. Elle existe dans le courant salafiste, tandis que d'autres courants musulmans, comme le soufisme, lui offrent, au contraire, une place centrale. Elle est aussi interdite au sein de rares courants protestants, comme chez les calvinistes ; Calvin est d'ailleurs connu pour avoir fait démonter les orgues dans les temples. Les motifs de la prohibition sont souvent les mêmes : la musique est perçue comme une distraction pour le croyant qui risque alors de s'éloigner de sa foi.

3. La crainte du diable et de la dépravation

Plus globalement, les religions condamnent la supposée dépravation et « l'immoralité » de quelques courants musicaux. Ainsi, le metal, le hard rock et le rock sataniste n'ont généralement pas la bénédiction des instances religieuses, quelles qu'elles soient, et s'en prennent, dès lors, à Alice Cooper, Black Sabbath ou Marylin Manson. Ces derniers plantent leur univers entre anathème, sorcellerie et anticléricalisme. Certains, comme le prêtre catholique Jean-Paul Régimbal[1], sont même partis en croisade contre le hard rock. Il y dénonce la mauvaise influence du rock chez les jeunes.

---

1. *Rock'n'roll. Viol de la conscience par les messages subliminaux*, 1983.

Testez-vous !

La paternité de l'*Odyssée* est attribuée à	a	Hésiode
	b	Homère
	c	Hérodote
Pythagore s'est intéressé	a	à la musique des sphères
	b	aux Sirènes
	c	aux Muses
Guillaume Le Clerc était	a	Trouvère
	b	Troubadour
	c	Intendant du Roi
Les sept cordes de la lyre correspondent à	a	sept planètes
	b	sept divinités
	c	sept savants

2. Vrai ou faux ?

	V	F
Dans l'Antiquité, la musique faisait partie des mathématiques		
Ulysse demande qu'on lui bouche les oreilles pour ne pas entendre le chant des Sirènes		
Les Muses sont 9 sœurs		
L'Harmonie des sphères est une théorie d'Euclide		

Chapitre 8

L'ère de la musique partout

Sommes-nous devenus trop bruyants ? De quoi témoigne notre besoin permanent de musique ? La musique peut-elle être un repoussoir ?

1. D'hier à aujourd'hui, la musique à l'assaut de nos oreilles

« Pour écouter de la musique écrite, il fallait attendre le dimanche, lors de la grand-messe, lorsque les vents des orgues se mettaient à souffler les accords jusqu'à les faire bondir le long de la nef » nous dit Pascal Quignard[1] avant de s'insurger ; « ce qui était le plus extraordinaire est devenu un siège qui assaille sans finir la ville comme la campagne. Les hommes sont devenus les assaillis de musique, les assiégés de la musique ». De fait, la musique, autrefois rare, est aujourd'hui partout où se concentrent les groupes humains. L'argumentaire d'un récent essai de David Byrne[2], ponte de la new wave, corrèle ce phénomène à l'enregistrement : « Avec l'enregistrement, [la musique] est aussi devenue un produit – un objet qui peut être vendu, acheté, privatisé et rejoué indéfiniment dans n'importe quel contexte. » Mieux encore, la musique est devenue portative et chacun a désormais sa *playlist* et bien sûr ses écouteurs connectés.

2. Le progrès technique au service du son

Du phonographe à cylindre breveté par Thomas Edison (1877) en passant par le haut-parleur, du tourne-disque de table des années 1970, au célèbre   des années 1980, le son a profité des inventions techniques et des progrès industriels et s'est progressivement répandu partout : dans les espaces publics et privés, dans la sphère plus intime encore de nos conduits auriculaires où se déverse aujourd'hui un bain sonore « à volonté » par l'entremise d'écouteurs miniatures en tous genres. Ainsi, en un siècle, l'écoute de la musique s'est à la fois démocratisée et banalisée. Nos oreilles seraient-elles arrivées à saturation ?

1. Pascal Quignard, *La Haine de la musique*, 1996.
2. David Byrne, *Qu'est-ce que la musique ?* 2019.

a. Walkman et casque Bluetooth

Au tournant des années 1980, la jeunesse occidentale commence à s'immerger dans un bain sonore individuel grâce au *walkman*. Ce petit boîtier portatif est né à la demande du P.-D.G. de Sony, passionné de golf, qui a demandé à ses ingénieurs de concevoir un appareil qu'il pourrait emmener sur ses parcours. Le 1er juillet 1979, le premier walkman est commercialisé. Le *walkman*, littéralement « homme qui marche » et traduit *baladeur* français permet selon la sociologue Anne-Marie Green de « *marcher dans son propre univers, sa propre temporalité, ses propres repères, sa culture*[1] ». Quoi de mieux ? Remisé au placard avec ses encombrantes cassettes, le walkman a cédé la place aux baladeurs MP3, formule qui fait référence au format utilisé pour la compression des données. De plus, la musique est désormais accessible via des plateformes libres d'accès, comme Napster qui permet l'échange de morceaux de musique ou auxquelles on s'abonne. Pour satisfaire plus pleinement nos goûts, des suggestions musicales nous sont faites et chacun peut générer sa playlist. Encore une fois, quoi de mieux ?

b. NTIC et algorithmes

Des algorithmes veillent au grain et, prédisant nos goûts en fonction de nos habitudes, font des propositions musicales extrêmement ciblées, risquant d'aboutir à un « confinement » des goûts, empêchant la curiosité de s'exercer au profit de la facilité. Les plateformes travaillent ainsi à la fabrication de musiques « sur mesure » et s'avèrent à la fois très prédictives et trop prescriptives si l'on considère la variété des possibles en matière de musique. Quant au MP3, si la réduction de taille des données facilite effectivement le transfert et le stockage des données numériques, c'est au prix d'une compression qui, selon certains techniciens, dénature le son. Et puis, les *millenials* en ont assez de remplir leur Ipod de data. Ils s'intéressent au *vintage* et on note un regain d'intérêt pour le walkman et ses cassettes. Sur eBay, le prix du boîtier musical d'époque atteint la somme de 900 euros.

3. La musique d'ascenseur dans les supermarchés

En parallèle à ce bain sonore solo, la musique déferle partout et s'impose où que l'on aille ; dans les parkings et les magasins, les bars et les restaurants, jusque dans les ascenseurs ; la musique est partout et tout le temps. Il y a donc une amplification du « bruit » musical et une extrême banalisation de ce dernier. D'ailleurs des formules nouvelles révélant un fond d'exaspération voient le jour : *musique de supermarché, musique d'ascenseur, musiquette.* Les termes ne manquent pas pour disqualifier tant

---

1. Anne-Marie Green, « Les usages sociaux du walkman dans le quotidien urbain », *Sociétés*, 2004/3 n°85.

le phénomène que la qualité des musiques dont il est question. Mais au fait, qui décide de ce que nous entendons dans tous ces lieux ? La musique peut-elle être un outil pour contrôler l'espace public ?

a. De la musique comme insecticide social ?

Le musicien David Byrne s'intéresse dans son essai[1] à l'utilisation de la musique pour façonner l'espace public. Il révèle que dans les couloirs du métro de Londres et de Toronto et dans les magasins 7-eleven (une chaîne de commerce de proximité), de la musique classique a été introduite. Cette nouveauté a eu un effet bénéfique puisqu'on observe une diminution « des vols, des agressions et des actes de vandalisme ». La preuve est ainsi faite que « la musique peut donc bien influer sur le comportement. » L'auteur souligne que « ces statistiques sont brandies comme preuve que certains genres musicaux possèdent des propriétés magiques et édifiantes » et y voit une aubaine pour le marketing. Il affirme que la musique peut être utilisée comme un « repoussoir social » car certains « savent que la musique diffusée n'est pas la "leur" et s'entendraient ainsi dire : "Passez votre chemin, ce n'est pas votre espace culturel". » La musique pourrait ainsi être au service d'une redéfinition des espaces publics, nos préférences en termes de genre musical étant le reflet de notre catégorie sociale.

b. La musique comme écran au bruit

Il a fallu des siècles de recherches scientifiques pour parvenir à fabriquer une « chambre sourde », espace où le silence est complet et idéal pour mesurer les bruits. Le silence n'existe pas dans la nature, on parle d'ailleurs de *musique immanente* pour désigner l'ensemble des sons qu'elle produit, qu'il s'agisse du chant de la mésange bleue ou du clapotis d'un ruisseau, du bruissement du vent dans un feuillage ou du grondement de tonnerre. En 1883, l'explosion d'un volcan, le Krakatoa, a été entendue à 5 000 km à la ronde, ce qui en fait le bruit le plus violent de l'histoire. Mais, à côté de ce record, le bruit de fond des activités humaines a récemment été multiplié par 10 dans certains points du monde. Outre ses conséquences sur la santé humaine – baisse de l'audition et dépression sont du lot – cette pollution déséquilibre les écosystèmes et nuit à de nombreuses espèces animales en perturbant leur métabolisme.

4. Silence, on confine !

À la faveur du confinement lié à l'épidémie de Covid, les français ont découvert les bienfaits du silence. Sur la Toile, les sites permettant la reconnaissance des chants d'oiseaux se sont multipliés. Il faut dire, perturbés par le bruit des activités humaines, certains oiseaux migrent ou disparaissent des villes au profit des espèces les plus

1. David Byrne, *Qu'est-ce que la musique ?* 2019.

résistantes, notamment les corbeaux dont le chant (un croassement) laisse à désirer en termes de musicalité. Le confinement a permis d'expérimenter une autre relation à la musique, notamment immanente. Une forme de résistance à la solitude s'est également développée par le partage, sur les réseaux sociaux, de titres de morceaux de musique ou de photos de pochettes vinyle. Ce dévoilement, très intime, permet de dire que le temps du confinement a aussi été celui de retrouvailles avec une histoire personnelle contenue dans le souvenir de morceaux qui forment un ensemble précis de repères.

➲ FOCUS SUR LE BRUIT ET L'ÉCHELLE DES DÉCIBELS[1]

0 dB	Au-dessous de 0 dB, aucun son n'est perçu par l'homme
0 à 10 dB	Seuil normal de l'audition
20 dB	Local d'essais acoustiques, sons inaudibles dans un environnement normal
20 à 25 dB	Studio d'enregistrement, campagne sans vent, oiseaux ou insectes
25 à 35 dB	Conversation chuchotée, lieux de culte
35 à 55 dB	Lieux de repos, bureaux, salles de classe
55 à 75 dB	Conversation, lieux de vie, rue piétonne, grand magasin
75 à 90 dB	Voix criée, rues animées et à fort trafic
90 à 110 dB	Sports mécaniques, discothèques
+ 110 dB	Concert, rave-party, risques de traumatisme sonore aigu

Le son n'est perceptible qu'à partir de 0 décibels (dB). Il commence à être pénible à partir de 75 dB et est dangereux à partir de 85 dB. Or, la douleur auditive n'apparaît qu'à 120 dB. De 85 à 120 dB, l'oreille est donc menacée de lésions irréversibles sans que l'on puisse s'en apercevoir. À partir de 80 décibels les bruits sont considérés comme des nuisances sonores.

1. Dossier proposé par l'Association pour l'Information et la Prévention dans le domaine de l'Audition.

➲ Focus sur ce sacré bon vieux walkman à l'écran

Il apparait au cinéma dans 2 films culte des années 1980, et ressurgit 35 ans plus tard dans 2 séries culte des Millenials.

La Boum, Claude Pinoteau, 1980

Vic, interprétée par Sophie Marceau dont c'est le premier film, a 13 ans et est très très amoureuse de Mathieu mais leur histoire est compliquée. Le soir de ses quatorze ans, elle organise une boum. Un prince charmant équipé d'un walkman l'invite à danser un slow sur l'air de « Reality », devenu un tube. Vic tombe immédiatement sous le charme de l'inconnu. Le walkman vient alors de sortir et son effet est renversant.

Terminator, James Cameron, 1984

Sarah Connor est une jeune serveuse qui loge avec sa collègue Ginger. Celle-ci vit en permanence avec son walkman sur les oreilles et le garde même lorsqu'elle passe une nuit d'amour avec son boy-friend. Or, Terminator vient d'arriver du futur. Ce robot sans humour est programmé pour éliminer Sarah. Ginger n'entend ni la sonnerie du téléphone qui aurait pu la sauver, ni le fracas de Terminator qui défonce sa porte. Au-delà de 85 dB, la musique peut vraiment être mortelle !

13 Reasons Why, série de Brian Yorkley, 2017

Cette série fait du walkman un objet central puisqu'il permet la révélation d'un secret fixé sur 13 antiques cassettes. Symbole de la vie passée, le boîtier fait aussi office de gardien de la mémoire grâce à ses bandes sonores ressuscitant la voix d'Hannah Baker qui y explique les raisons de son suicide. La série a suscité un regain d'intérêt pour le walkman chez les Millenials.

Black Mirror, « Bandersnatch » Charlie Brooker, 2018

Dans cet épisode interactif où le spectateur est invité à choisir sa suite, nous sommes plongés dans l'univers des programmeurs de jeux vidéos des années 1980. Le walkman est le compagnon du jeune Stephan, qui l'écoute dans le bus. L'objet symbolise une nouvelle forme de retrait social à travers l'écoute solitaire dans l'espace public concomitant au développement de jeux vidéos qui se jouent souvent seul dans l'espace privé.

Testez-vous !

1. Associez les éléments des deux colonnes

1. musique classique	a	25 dB
2. chuchotement	b	Toronto
3. Krakatoa	c	1979
4. walkman	d	1883

2. Complétez chaque proposition en choisissant l'élément approprié

L'éruption du Krakatoa a été entendue a	a	50 kilomètres à la ronde
	b	500 kilomètres à la ronde
	c	5 000 kilomètres à la ronde
Qu'est-ce que la musique ? est un essai de	a	David Byrne
	b	David Bowie
	c	David Guetta
La douleur auditive commence à être perçue à partir de…	a	80 dB
	b	100 dB
	c	120 dB
Le corbeau	a	coasse
	b	croasse
	c	croate
Dans certaines régions du monde, le bruit des activités humaines a été multiplié par un facteur	a	5
	b	10
	c	15

Chapitre 9

Musique, danse et fête : du bal à la rave party

Une fête sans musique est-elle une fête ? Entrer en transe devrait-il être interdit ? Pourquoi la Rave fait-elle si peur ?

1. Recette pour faire la fête

Musique et danse sont des composantes incontournables de la fête. Mais la recette de la fête serait incomplète si l'on s'en tenait à ces deux seuls ingrédients. Le sociologue Roger Caillois affirme : « De jadis ou d'aujourd'hui, la fête se définit toujours par la danse, le chant, l'ingestion de nourriture, la beuverie[1] ». D'hier à aujourd'hui, on peut affirmer que ces ingrédients n'ont pas varié, cette « recette » semblant immuable.

2. Fonctions de la fête : se transformer ?

« On comprend que la fête, représentant un tel paroxysme de vie et tranchant si violemment sur les menus soucis de l'existence quotidienne, apparaisse à l'individu comme un autre monde, où il se sent soutenu et transformé par des forces qui le dépassent ». Roger Caillois met en évidence non une utilité récréative mais un désir plus profond de « métamorphose » ou de transfiguration de l'être par le rituel festif. La fête est donc perçue par le sociologue comme espace-temps d'expérimentation de la transcendance à la fois collective mais également individuelle.

3. D'hier à aujourd'hui, la fête

Dans les sociétés premières, l'organisation de la fête impliquait un effort collectif intense par l'obligation de faire des réserves de nourriture conséquentes. Il fallait en effet pourvoir non seulement au besoin de manger abondamment mais aussi à celui de gaspiller, la fête étant le temps de l'excès et du sacrifice ; les fêtes pouvaient s'étendre sur des semaines ou des mois, entrecoupés de courtes périodes de repos. La différence notable avec la fête dans la société d'aujourd'hui se situe surtout dans

1. *L'homme et le sacré*, « Théorie de la fête », un essai paru en 1939.

la durée des festivités. On voit surgir des fêtes plus courtes, à l'image des *ferias* pratiquées en été dans le sud-ouest de la France ; les villes sont alors assaillies de milliers de *festayres* (fêtards), comme c'est le cas à Bayonne ou à Dax, villes où se déploient pendant une semaine, à tous les coins de rues, des *bandas* (sortes de fanfares) jouant d'une année à l'autre les mêmes airs tonitruants du répertoire folklorique.

4. Le bal à travers les siècles

De la société médiévale à nos jours, le bal a une histoire mouvementée qui suit les évolutions de la société. Événement festif à la codification subtile, le bal s'origine dans tous les milieux sociaux et se décline en bal populaire, musette, mondain, champêtre ou encore des sapeurs-pompiers… Bien entendu, on se rend au bal pour danser en musique. Mais, tandis que certains voient dans le bal l'occasion d'établir leur prestige social, d'autres s'emparent de l'événement pour se défouler, le bal étant aussi une soupape nécessaire pour supporter le quotidien. Sa fonction est alors récréative et cathartique.

a. Bal mondain – bal champêtre : à chacun sa musique

Le bal mondain

Ah le bal mondain ! Il est d'autant plus recherché qu'il permet de faire son entrée dans le « grand monde ». Rang, statut social, titres et fortune ; tous ces éléments sont pris en considération pour être invité. Événement très codifié dans la société du XIXe siècle, n'y participe pas qui veut. Emma Bovary, célèbre personnage de Gustave Flaubert, convoite ardemment une invitation ; elle y parvient par l'entremise de son époux Charles, qui a le titre pourtant peu prestigieux d'officier de médecine à la campagne. Passablement exaltée par le bal, elle vit le plus beau jour de sa vie.

Le bal champêtre

C'est un événement festif bien plus prosaïque et Maupassant le dépeint très bien dans un texte titré « Ma femme », paru en 1882. Un cadre naturel où tout est excès, notamment la boisson, bue tête renversée, de la nourriture à profusion, une ronde échevelée de couples réunis et dansant au son du chant tumultueux des paysans ; la fête champêtre offre un contraste saisissant avec le bal mondain.

b. Bals et fêtes des temps modernes

Le bal, sous les différentes formes qu'il revêt, contrarie aussi les pouvoirs politiques qui se succèdent comme le signale Marie-Christine Vernay[1], spécialiste de la danse. « Très surveillés par les forces de l'ordre, les bals sont aussi des soupapes et des défouloirs sociaux. [...] Pendant la Seconde Guerre mondiale, les zazous[2] anglophiles en révolte contre l'autorité pétainiste swinguent avec le jazz sous le manteau à toute allure. » Aujourd'hui, ce sont les raves qui sont dans le collimateur des pouvoirs publics.

c. La rave sous haute surveillance

« Globalement, la rave est un acte collectif qui rassemble chaque fin de semaine des milliers de jeunes plongés des heures durant dans des agitations choréiques[3] intenses. ». De 125 à 145 BPM, battements par minute, le rythme électronique est propice à l'agitation, voire à la transe. Accusées de faire l'apologie de l'Ecstasy dont la consommation semble un passage obligé, les rave party vont être réprimées, à partir de 1988, en France comme en Angleterre par un gouvernement qui les considère comme un danger pour toute la jeunesse. Face à la détermination des organisateurs et du public, elles sont progressivement encadrées par des associations de prévention et deviennent des points de ralliement festif gérés comme des festivals. Quant à l'usage de l'Ecstasy, Jean-Paul Méloni affirme que « ces drogues de la performance, ces prothèses chimiques sont dans notre société promises à un bel avenir ». D'accord avec lui, le psychologue Alain Ehrenberg estime que cette consommation vise à « éviter l'effondrement psychique et physique de l'individu » dans une société où la performance est requise partout. Comme on le voit, la Rave party présente des points communs avec la fête telle que la définit Roger Caillois et révèle un besoin de rupture avec le quotidien et de dépassement de soi par une expérience de la transe.

---

1. https://next.liberation.fr/culture/2014/06/16/cancan-ou-valse-la-transe-collective_1042737.
2. Jeune qui se signalait à cette époque par sa passion pour le jazz et reconnaissable à ses vêtements anglais ou américains.
3. Choréique est dérivé de « Chorée » : maladie nerveuse se traduisant par des contractions musculaires, parfois lentes, parfois brusques, entraînant des mouvements désordonnés du corps (mouvements choréiques).

➲ Focus sur bal champêtre versus bal mondain

Pour vous faire une idée de la diversité des bals, lisez les deux extraits suivants, dépeignant des milieux très différents.

Extrait n° 1 : Flaubert, *Madame Bovary*, Chapitre VIII, 1857

« Le cœur d'Emma lui battit un peu lorsque son cavalier la tenant par le bout des doigts, elle vint se mettre en ligne et attendit le coup d'archet pour partir. Mais bientôt l'émotion disparut ; et, se balançant au rythme de l'orchestre, elle glissait en avant, avec des mouvements légers du cou. Un sourire lui montait aux lèvres à certaines délicatesses du violon, qui jouait seul, quelquefois, quand les autres instruments se taisaient ; on entendait le bruit clair des louis d'or qui se versaient à côté, sur le tapis des tables ; puis tout reprenait à la fois, le cornet à piston lançait un éclat sonore, les pieds retombaient en mesure, les jupes se bouffaient et frôlaient, les mains se donnaient, se quittaient ; les mêmes yeux, s'abaissant devant vous, revenaient se fixer sur les vôtres. »

Extrait n° 2 : Maupassant, « Ma Femme », texte publié dans *Gil Blas* en 1882

« Par la fenêtre ouverte on apercevait le bal champêtre. Rustres et rustaudes sautaient en rond en hurlant un air de danse sauvage qu'accompagnaient faiblement deux violonistes et une clarinette placés sur une grande table de cuisine en estrade. Le chant tumultueux des paysans couvrait entièrement parfois la chanson des instruments ; et la frêle musique, déchirée par les voix déchaînées, semblait tomber du ciel en lambeaux, en petits fragments de quelques notes éparpillées.

Deux grandes barriques, entourées de torches flambantes, versaient à boire à la foule. Deux hommes étaient occupés à rincer les verres ou les bols dans un baquet pour les tendre immédiatement sous les robinets d'où coulaient le filet rouge du vin ou le filet d'or du cidre pur ; et les danseurs assoiffés, les vieux tranquilles, les filles en sueur se pressaient, tendaient les bras pour saisir à leur tour un vase quelconque et se verser à grands flots dans la gorge, en renversant la tête, le liquide qu'ils préféraient. [...] J'avais saisi la main d'une forte paysanne essoufflée, et je la fis sauter éperdument jusqu'à la limite de mon haleine.

Et puis je bus un coup de vin et je saisis une autre gaillarde. Pour me rafraîchir ensuite, j'avalai un plein bol de cidre et je me remis à bondir comme un possédé. J'étais souple ; les gars, ravis, me contemplaient en cherchant à m'imiter ; les filles voulaient toutes danser avec moi et sautaient lourdement avec des élégances de vaches. »

➲ Focus sur Instruments de musique et hiérarchies sociales

1. « Les maîtres jouaient du violon, les serviteurs de l'accordéon ».

Le dicton qui précède illustre une distribution des instruments qui semble refléter une hiérarchie sociale. Est-on vraiment libre de jouer et d'écouter ce qu'on veut ? L'histoire montre que certains genres musicaux ont été favorisés aux dépens d'autres ; la littérature atteste de pratiques musicales liées à des groupes sociaux. Il est donc question de violon pour certains et d'accordéons pour d'autres.

2. Le Roi Soleil aimait-il les troubadours ?

Au XVIIe siècle, sous le règne de Louis XIV, Jean-Baptiste Lully, surintendant de la musique du roi a obtenu une « lettre patente », (un écrit émanant du roi) « *portant défense à toutes personnes de chanter aucune pièce entière en France, soit en vers françois ou autres langues, sans la permission par écrit dudit sieur Lully, à peine de dix mille livres d'amende, et de confiscation des théâtres, machines, décorations, habits* ». Ce sont les troubadours et musiciens errants qui sont visés et leur exercice empêché. La perspective était de rivaliser avec l'Italie et ses opéras réputés en empêchant les musiques populaires.

3. La musique nettoie-t-elle les âmes ?

Au XIXe siècle, la littérature atteste abondamment de cette différence et tandis que Maupassant dépeignant un bal champêtre dans *Gil Blas* s'amuse du « chant tumultueux » des « rustres » et « rustaudes » faisant des rondes, Flaubert évoque pour sa part dans son roman *Madame Bovary* paru en 1857 les « délicatesses » du violon et la valse élégante pratiquée au cours du bal mondain auquel participe Emma. La même année, en Angleterre un juge britannique affirme au cours d'une commission parlementaire que les « pauvres » ont besoin des beaux-arts « pour purifier leurs goûts et les détourner des habitudes qui les souillent et les avilissent[1] ».

4. Piano ou trompette ?

De nos jours, cet *a priori* persiste et guide des stratégies parentales d'intégration sociale pour leur progéniture ; certains préféreront inscrire leur enfant au conservatoire pour qu'il y apprenne le piano plutôt que la trompette…

---

1. *Qu'est-ce que la musique ?* David Byrne cite.

Testez-vous !

1. Cochez la réponse qui convient

Le mot *chorée* désigne	a	une chorale féminine
	b	une chorégraphie réalisée par des citoyens grecs
	c	une maladie nerveuse
Madame Bovary (Flaubert) a été publié en	a	1757
	b	1857
	c	1957
Ma femme, nouvelle de Maupassant a pour cadre	a	un bal mondain
	b	un bal champêtre
	c	une Rave party
Roger Caillois est l'auteur de	a	*L'homme et le sacré*
	b	*L'homme et la musique de chambre*
	c	*L'homme et la musique immanente*
Dans les années 1940, les jeunes fans de jazz s'appelaient les	a	zazis
	b	zazous
	c	zizous

2. Vrai ou faux ?

	V	F
Dans *Madame Bovary*, Emma danse au son d'une clarinette		
Dans « Ma Femme », les convives dansent une valse		
La rave party est un phénomène festif remontant au XIXe siècle		
L'adjectif « mondain » est associé à un bal où tout le monde est le bienvenu		
Maupassant évoque déjà l'Ecstasy dans sa nouvelle		

Chapitre 10

Musique et politique

La musique est-elle toujours l'alliée de la paix ? Peut-on résister en musique ? La musique peut-elle devenir instrument de torture ?

La mise en évidence des liens entre musique et politique pondère largement le proverbe affirmant que la musique adoucit les mœurs mais révèle le rôle ambivalent de la musique en temps de guerre.

1. Musique et stratégie guerrière

« En Grèce, le chanteur Terpander, appelé pour apaiser un soulèvement à Sparte, produisit par ses chants une telle sensation sur ses auditeurs, qu'étant touchés jusqu'aux larmes, l'esprit de conciliation s'empara de ceux qui se persécutaient et que l'ordre fut rétabli.[1] ». Si la musique est, dès l'Antiquité, reconnue pour ses vertus apaisantes, sa pratique est au service, en premier lieu, de la marche et de la cohésion nécessaire aux fantassins. Homme politique, historien et stratège, Thucydide écrivit *La Guerre du Péloponnèse*, relatant le conflit opposant les Spartiates aux Athéniens. Il affirme que « la musique n'est pas destinée à inspirer les hommes dans la transe mais à leur permettre de marcher au pas et de rester en ordre serré. Sans musique, une ligne de bataille est exposée à se désorganiser au moment où elle s'avance pour la charge ».

2. Les hymnes

Tout comme les drapeaux, les hymnes sont une composante importante de la représentation de l'identité nationale. Parfois écrits pour galvaniser les troupes, les hymnes ont pour point commun de favoriser le chant et souvent la marche… mais pas la danse. Si on ne danse pas sur les hymnes nationaux, ils font cependant l'objet de détournements de toutes sortes voire de parodies, pratique transgressive qui fait polémique.

1. Marie Jaell, *Le divin dans la musique*, paru dans le Menestrel (1886).

a. « Aux armes citoyens » : l'hymne français, entre solennité et moqueries

La version officielle de la Marseillaise a été écrite en 1792 et l'article 2 de la Constitution la promeut hymne national. Dès sa sortie, elle est parodiée et de nombreuses versions circulent, tantôt scatologique ou humoristique, parfois anticléricale ou féministe. On s'empare alors de l'hymne national pour l'animer d'un souffle humoristique en la détournant comme c'est le cas avec la Marseillaise de la Courtille dont le refrain est un hommage au vin et à la cuisine :

À table, citoyens,
Videz tous les flacons,
Buvez, mangez, qu'un vin bien pur
Humecte vos poumons !

b. « Aux armes et cætera »

En 1979, La chanson « Aux armes et cætera » de Serge Gainsbourg reprend l'hymne national, sur un air de… reggae. Le mélange des genres suscite rapidement la polémique et certains crient au sacrilège mais le « buzz » médiatique qui s'ensuit propulse Gainsbourg en tête des hit-parades, lui permettant de décrocher un disque d'Or.

c. Outrage au drapeau national

En 2003, le Sénat et l'Assemblée nationale ont adopté un amendement instituant un nouveau délit « d'outrage au drapeau national ». Punissable de 7 500 euros d'amende et de 6 mois de prison, ce dernier est en réalité la conséquence législative d'un match amical opposant, en 2001, la France à l'Algérie au Stade de France, match au cours duquel le public avait abondamment sifflé l'hymne national.

3. La Grande Guerre : de la musique jusque dans les tranchées

a. Oublier la guerre à tout prix

La musique sert en premier lieu à oublier la guerre. « La musique, bien souvent légère, permet aussi d'évacuer un peu les tensions entre les troufions et une hiérarchie de plus en plus dépassée au fil des années de guerre. Les orchestres de chaque régiment, outre leurs missions purement militaires (appels divers, enterrements…), sont sans cesse mobilisés pour combler le silence angoissant[1] » rappelle le journaliste Sophian Fanen. Dans les tranchées, Auvergnats, Parisiens et Bretons de tous les bords

1. *Sophian Fanen, Les tranchées, berceau musical, 6 juin 2014, article en ligne* https://next.liberation.fr/musique/2014/06/06/les-tranchees-berceau-musical_1035413

sociaux sont ensemble et ce mélange est à l'image des programmes de concerts, nombreux et très variés, où chanson grivoise, ouverture d'opéra, œuvres du music-hall et musique militaire se jouent au cours d'une même soirée.

b. La fabrique des instruments de fortune

Par ailleurs, pour jouer et entendre de la musique sur le front, de nombreux soldats font preuve d'inventivité, à l'image de Maurice Maréchal qui, associé à deux soldats, menuisiers dans le civil, se servit de caisses de munitions et de portes pour faire fabriquer son violoncelle. Baptisé « Le Poilu », cet instrument lui épargna une mort probable dans les tranchées en lui permettant de fonder, avec quatre autres musiciens, un quintette dédié au général Mangin.

4. La musique pendant la Seconde Guerre mondiale

a. « Les Français parlent aux Français » : la résistance sur les ondes

À Londres, les locaux de la BBC hébergent la résistance française, d'où sera émis le célèbre *appel du 18 juin* prononcé par le général de Gaulle en 1940. Mais il faut aussi remonter le moral des civils et donner du baume au cœur des résistants de l'intérieur et c'est le pari réussi de Pierre Dac. À partir de 1943, cet humoriste écrit et chante quotidiennement des chansons paillardes dans lesquelles il fustige les collaborationnistes et Vichy.

b. Un nouvel hymne

À Londres toujours, le journaliste et écrivain Joseph Kessel et son neveu Maurice Druon écrivent les paroles du *Chant des partisans* sur une musique d'Ana Marly. Sa mélodie, sifflée, est un moyen de reconnaissance des résistants entre eux et le chant devient l'Hymne des Résistants, la Marseillaise ne pouvant plus assumer sa fonction patriotique[1].

Le premier couplet du Chant des partisans est :

> « Ami, entends-tu le vol noir des corbeaux sur nos plaines,
>
> Ami, entends-tu ces cris sourds du pays qu'on enchaîne,
>
> Ohé ! partisans, ouvriers et paysans, c'est l'alarme !
>
> Ce soir l'ennemi connaîtra le prix du sang et des larmes. »

1. La chanson sera plus tard popularisée par le groupe Zebda.

c. La musique dans les camps de la mort

On joue et on compose de la musique dans les camps. Il y avait à Auschwitz un orchestre où, sur ordre des SS, jouaient des musiciens déportés. Simon Laks, nommé chef d'orchestre à Auschwitz a offert un témoignage[1] très éclairant sur la fonction ambivalente d'une musique jouée sur ordre. « Il y avait bien une musique – Kommando Lagerkapelle – au camp d'Auschwitz, comme il y en avait une dans chaque camp allemand qui se respectait... Et cette musique, partie essentielle de l'organisation des camps, était, aussi paradoxal que cela puisse paraître, un accessoire, et non des moindres, de sa police intérieure. »

Jouée deux fois par jour en début et en fin de journée, la musique du camp accompagne les Kommandos. Loin de favoriser la résistance, elle était une torture supplémentaire pour les prisonniers, aggravant leur état de prostration en les incitant à la tâche. Et Primo Levi de compléter : « Quand cette musique éclate, nous savons que nos camarades, dehors dans le brouillard, se mettent en marche comme des automates ; leurs âmes sont mortes et c'est la musique qui les pousse en avant, comme le vent les feuilles sèches, et leur tient lieu de volonté[2] ». Simon Laks parle de « domination totale » par la musique.

5. Les Américains, la musique et la torture

Pendant la guerre du Viêt Nam, des avions équipés de haut-parleurs diffusaient à des kilomètres à la ronde un morceau démoniaque d'Arthur Brown, « Fire », faisant l'apologie de la destruction par le feu. Alternant avec des chants funéraires et des pleurs d'enfants, le but était de terrifier la population.

Pendant la guerre d'Irak, des prisonniers ont été torturés pendant des jours au son du groupe de hard-rock Metallica. Le but : la destruction de leur résistance psychique par la privation de sommeil. Utilisée dans des centres de détention de l'armée américaine, dans les cellules de Guantanamo ou dans les prisons secrètes de la CIA, la musique d'artistes comme Bruce Springsteen, Metallica, Eminem ou Britney Spears, diffusée à des volumes nocifs a accompagné des interrogatoires. La musique, dévoyée, peut bel et bien devenir une arme.

1. Simon Laks, *Mélodie d'Auschwitz et autres récits sur les camps*, Les éditions du Cerf, 1991.
2. *Si c'est un homme*, Primo Levi, 1947.

➲ Focus sur deux films de Stanley Kubrick

1. *Les Sentiers de la Gloire*, 1957

1. Un plaidoyer antimilitariste

Aveuglé par ses ambitions de carrière, un vieux colonel envoie ses soldats à l'assaut d'une position allemande réputée imprenable, « la fourmilière ». Ce film, tiré de faits réels, est un plaidoyer antimilitariste et dénonce la cruauté de l'État-Major français lors de la Grande Guerre.

2. Une chanson peut-elle réconcilier des ennemis ?

La séquence finale fait une large place à la musique, à travers le chant d'une prisonnière allemande réquisitionnée pour divertir les « poilus » lors d'une courte trêve. Intimidée face à ce groupe hilare et moqueur, elle trouve le courage d'entonner un air issu du folklore de son pays natal. Les railleries cessent bientôt et la douceur de la mélodie ne tarde pas à émouvoir les soldats par le contraste soudain avec le monde barbare de la guerre et le rappel d'un monde perdu, celui de la vie d'avant les tranchées.

3. Les guerres s'arrêteront-elles un jour ?

Insinué en fin de film pour dénoncer l'absurdité de la guerre, ce chant laisse entrevoir une possibilité de réconciliation entre les peuples puisqu'il s'agit d'un chant allemand. Cette séquence pourrait ainsi donner raison à l'adage « la musique adoucit les mœurs ». Cependant, c'est sur un roulement de tambour que le film se clôt, ramenant abruptement le spectateur à la réalité en brisant le rêve d'une réconciliation avec l'ennemi. Avec ce roulement de tambour, le réalisateur semble dire que la musique représente une courte trêve dans un monde foncièrement hostile à la paix.

2. *Full Metal Jacket*, 1987

Le chant est un élément clé de la formation militaire et une illustration très évocatrice de sa finalité est donnée au cinéma avec *Full Metal Jacket*.

1. Quand les Marines chantent

La première partie du film montre de jeunes recrues du corps des Marines se préparant à la guerre du Viêt Nam. Le chant militaire, particulièrement insistant dans la première partie film, est l'allié permanent de l'entraînement des soldats.

Sous le commandement du sergent Hartman, incarné par un authentique instructeur militaire, les Marines entonnent des chansons dont une traduction en français vous est donnée ci-dessous :

« Maman et papa étaient dans le pieu ! Maman se retourne et elle dit au vieux ! Refais-moi faire ! Refais-moi faire ! D'la gym ! D'la gym ! Bon pour toi ! Et bon pour moi ! Hum bon ! Debout dès le matin jusque tard le soir ! On court sans arrêt c'est ça notre devoir ! Ho Chi Minh est un fils de pute ! Il a l'feu aux couilles et la bite en rut ! ».

2. Conditionnement par la chanson

Transgressives, obscènes et parfois même pornographiques, ces paroles ont vocation à faire voler en éclat les repères habituels des Marines pour les préparer à l'expérience du chaos lié à la guerre. L'incitation à la haine de l'ennemi (Ho Chi Minh est alors président du Viêt Nam) est aussi bien marquée.

Le chant militaire est au donc au service d'un conditionnement psychologique particulièrement éprouvant, préparatoire à un « antimonde » où les conventions normales et les usages de bienséance et de politesse n'ont plus cours.

➲ Focus sur l'hymne européen

L'hymne européen est un emprunt au dernier mouvement de la Neuvième Symphonie écrite en 1823 par le compositeur allemand Ludwig Van Beethoven (1770-1827).

1. Musique sans paroles

En raison du multilinguisme européen, l'hymne est sans texte mais Beethoven avait à l'origine mis en musique l'*Ode à la joie*, un poème de Friedrich Von Schiller écrit en 1785. Ce poème exprime un idéal de fraternité étendu à l'humanité entière, et non à la seule nation. Un choix judicieux!

2. Un arrangement musical qui fait des mécontents

L'arrangement de l'hymne a été confié à un chef d'orchestre très célèbre, Herbert von Karajan, qui a ralenti le tempo pour obtenir une version de 2 minutes qui deviendra officielle. Avec cette nouvelle orchestration, Karajan devient coauteur. Si l'influence de Karajan est à l'époque incontestable, le passé du chef d'orchestre et son adhésion au parti nazi de 1933 à 1945 suscitent une hostilité bien compréhensible.

3. Peut-on être sourd et composer de la musique?

Quand il écrivit sa Neuvième Symphonie, Beethoven, atteint d'une maladie dégénérative de l'oreille interne était sourd. Ce handicap n'a pas empêché son génie musical de s'exprimer.

Pour écouter cet hymne, rendez-vous sur le site officiel de l'Union Européenne: https://europa.eu/european-union/about-eu/symbols/anthem_fr

Testez-vous !

1. Reliez chaque auteur à son œuvre

1. *Les Sentiers de la Gloire*	a	Serge Gainsbourg
2. « Fire »	b	Stanley Kubrick
3. *L'Ode à la joie*	c	Arthur Brown
4. *Le Chant des partisans*	d	Schiller
5. « Aux armes et cætera »	e	Ana Marly

2. Complétez chaque proposition en choisissant l'élément approprié

Herbert von Karajan était	a	compositeur
	b	réalisateur
	c	écrivain
La Neuvième Symphonie est de	a	Vivaldi
	b	Mozart
	c	Beethoven
Le réalisateur de *Full Metal Jacket* est	a	Stanley Kubrick
	b	Francis Ford Coppola
	c	Quentin Tarantino
L'hymne européen est	a	sans paroles
	b	en langue allemande
	c	en espéranto

Chapitre 11

Mégas concerts et superstars

Comment sont nées les stars ? Qui sont leurs idoles ?

Combien coûte un chewing-gum de Britney Spears ?

1. Mégas concerts et maxi prix

À la fin du XXe siècle, les concerts deviennent des événements spectaculaires et les groupes assurent des tournées dans le monde entier pour la promotion de leurs disques, attirant des foules dans des complexes gigantesques.

En France, la U Arena, inaugurée par les Rolling Stones en 2017, peut accueillir jusqu'à 40 000 personnes et le Stade de France 100 000. Pour écouter leur star, les fans sont prêts à faire des sacrifices financiers importants : il leur en a couté de 84 à 386 euros pour assister au concert de Madonna donné au Grand Rex à Paris en 2019. Mais, en économie de marché, ce qui est abondant est gratuit tandis que ce qui est rare est cher. Les morceaux de musique étant de plus en plus facilement disponibles et gratuits malgré le cryptage, les « vrais » fans cherchent l'occasion d'un moment privilégié avec leurs stars. Seul le concert permet d'approcher ces nouvelles icônes.

2. Les gros tours des superstars

Selon Mathius Shadow Sky[1], le concert spectacle est une invention du groupe de rock Pink Floyd et remonte aux années 1970. Jeux de lumière, fumée et écrans vidéo géants deviennent alors les ingrédients de concerts devenus des spectacles. « Pour sortir de l'ennui de la réplique (de la musique enregistrée), les jeux de lumières, de fumée et l'écran vidéo circulaire (1re apparition de la vidéo en concert) était le moyen de sortir de l'ennui et de créer un évènement spectaculaire pour attirer les foules » analyse l'auteur.

Bad World Tour (Mickael Jackson), The Joshua Tree Tour (U2), Who's That Girl Tour (Madonna), Steel Wheels Tour (The Rolling Stones), A Head Full of Dream Tour (Coldplay), Cher (The Farewell Tour) ; les tournées mondiales sont longues ; elles s'étalent sur un à trois ans et jusqu'à 300 concerts sont proposés. La tournée n'a rien

1. Mathius Shadow-Sky, *Dans le Ciel, Le Bruit de l'Ombre*, centrebombe, 2007.

d'une improvisation et requiert, pour les musiciens et leur équipe, une discipline et une santé de fer, des moyens humains, techniques et logistiques exceptionnels. Et les billets sont parfois vendus dans le quart d'heure qui suit leur mise en vente.

3. Des stars qui assurent

Pour protéger leur gagne-pain, les stars souscrivent couramment à des polices d'assurance. Mais quelles parties de leur corps sont-elles prêtes à assurer ?

Les cordes vocales de Bruce Springsteen sont assurées pour 8 millions d'euros tandis que, plus modeste, Céline Dion a consacré un million de dollars pour assurer sa voix.

Côté mains, Jeff Beck a fait assurer ses 10 doigts pour 7 millions de livres tandis que Keith Richards, le guitariste des Rolling Stones, a assuré son seul index pour 1,7 million de dollars.

La langue géante (17 cm !) du bassiste Gene Simmons (Kiss) est assurée pour un million de dollars et Jennifer Lopez a, quant à elle, protégé ses fesses pour 25 fois plus. Les polices d'assurance éditent des contrats vraiment étonnants !

4. Fans et fanatiques

Fan, fana, fanatique… les artistes et en particulier les musiciens suscitent une admiration sans borne. Le mot « fan » est l'apocope du mot « fanatic » emprunté à l'anglo-américain, terme qui désigne au départ un « spectateur assidu et averti d'une rencontre sportive ». « Groupie » est un terme équivalent, mais qui s'applique aux femmes.

Histoire, anecdotes, musicographie du musicien préféré ; rien n'échappe aux fans, qui feraient sans doute d'excellents biographes en raison de leur érudition. Cette propension à être fan atteint un pic à l'adolescence, le goût se singularisant au point de devenir exclusif à une période où l'on tente de s'extraire de la cellule familiale. L'espace de la chambre a des allures de temple à la gloire d'une vedette avec des posters et objets fétiches rappelant le musicien vénéré. La passion, marquée par l'exclusivité, suscite des écoutes solitaires. On pense être le seul à bien saisir l'esthétique et la profondeur musicale de notre musicien adoré. On peut parfois aussi intégrer une petite communauté de fans et développer ainsi sa sociabilité. Plus tard, ce passage assez courant chez les adolescents fera parfois l'objet de dénégation ou d'oubli. Mais certains restent fans éternellement… et déraillent parfois au point de harceler la vedette dont ils se sont épris, et le cas bien connu de John Lennon illustre ces déviances extrêmes. De fan à fanatique, il arrive qu'il n'y ait qu'un pas.

5. Des fans qui banquent

Certains fans sont capables d'aller très loin dans les enchères pour acquérir un objet ayant appartenu à leur idole. Un peu comme les reliques des saints, tout ce qui a appartenu à la star est convoité par le fan et fait l'objet d'un culte proche du fétichisme. Si on admet, comme le signale le journaliste Alain Dister[1] que « *la valeur intrinsèque d'un objet est nécessairement augmentée du coefficient de notoriété de son dernier propriétaire* », on comprend qu'une chemise portée par John Lennon se vende 25 000 dollars et que sa cuvette de toilette s'envole à 11 000 euros. Bien mieux ; le gilet en laine du légendaire Curt Cobain a trouvé un acquéreur prêt à débourser 334 000 dollars et Britney Spears n'est pas en reste avec un simple chewing-gum mâché lors d'un concert à Toronto, vendu 14 000 euros sur eBay.

On n'est jamais assez prudent avec ses affaires personnelles et Madonna semble bien renseignée sur la question. Elle se déplace avec un service de nettoyage à sec et fait stériliser sa loge après chaque passage. Pourquoi tant de précautions ? Elle redoute qu'on lui vole son ADN et de devoir rivaliser avec son clone.

1. *Muséart* n° 70, mai 1997.

➲ Focus sur le Voyager Golden Record

En 1977, les sondes spatiales Voyager 1 et 2 embarquent à leur bord un disque vinyle plaqué or. Ce support discoïdal est destiné à présenter l'humanité à des extraterrestres. Mais comment raconter l'histoire de l'homme et rendre compte de ce qui le caractérise, des origines à l'ère moderne ?

1. Jimmy Carter écrit aux martiens

Le disque est accompagné d'une lettre de Jimmy Carter, alors président des États-Unis ; « Voici un présent d'un petit monde éloigné, un témoignage de nos sons, notre science, nos images, notre musique, nos pensées et nos sentiments [...] Nous tentons de survivre à notre époque afin de pouvoir vivre dans la vôtre. »

2. Une playlist pour ET

Le disque comporte 4 rubriques dont la dernière et un échantillon de la musique du monde entier. Il semble y avoir une parité entre musique traditionnelle et musique classique, une place importante étant cependant faite à Jean-Sébastien Bach qui y figure à trois reprises, Beethoven étant pour sa part invité une fois. Le jazz, avec Chuck Berry et le blues, avec Louis Armstrong sont aussi présents. Une place est également faite aux musiques dites folkloriques. Par ailleurs, chaque continent est présent et les instruments de musique sont variés.

POUR ALLER PLUS LOIN ET DÉCOUVRIR QUELQUES EXTRAITS SONORES PROPOSÉS AUX EXTRATERRESTRES

- https://www.sciencesetavenir.fr/espace/vie-extraterrestre/ecoutez-le-disque-d-or-destine-aux-extraterrestres_101772

Testez-vous !

1. Qui assure quoi ? Associez chaque artiste à sa police d'assurance

1	Langue	a	Jennifer Lopez
2	Index	b	Bruce Springsteen
3	Fesses	c	Keith Richards
4	Cordes vocales	d	Gene Simmons

2. Complétez les phrases avec l'élément manquant.

1. Le groupe de rock qui a inauguré la mode des tournées mondiales est…	a. Kiss
	b. Pink Floyd
	c. AC/DC
2. Le « Bad World Tour » était un événement organisé par…	Madonna
	Curt Cobain
	Mickael Jackson
3. Le gilet en laine de Curt Cobain a trouvé acquéreur pour…	3 340 dollars
	33 400 dollars
	334 000 dollars
4. Le Voyager Golden Disc contient des morceaux de	Jean-Sébastien Bach et Chuck Berry
	Jean-Michel Jarre et Elvis Presley
	Jean-Jacques Goldman et Yvette Horner

3. Parmi ces 3 phrases, une seule est conforme à l'originale. Laquelle ?

1. La valeur extrinsèque d'un objet est parfois augmentée du coefficient de notoriété de son dernier propriétaire.
2. La valeur intrinsèque d'un objet est nécessairement augmentée du coefficient de notoriété de son premier propriétaire.
3. La valeur intrinsèque d'un objet est nécessairement augmentée du coefficient de notoriété de son dernier propriétaire.

Chapitre 12

Musique et cinéma

Un film sans musique est-il vraiment un film ? Que serait un cinéma sans compositeurs ? À quoi sert la musique d'un film ?

1. Piano, cinéma muet et salle obscure

Jusqu'en 1927, le cinéma est muet. Les techniques d'enregistrement et de diffusion des films ne permettent pas encore de synchroniser son et image. Pourtant, la musique est déjà omniprésente dans les salles de cinéma. Jouée en direct par un ou plusieurs musiciens, elle a pour premier intérêt de couvrir le bruit important causé par les machines de projection, et de rassurer les spectateurs plongés dans le noir. C'est le plus souvent un pianiste, seul, qui a alors la charge de ponctuer le film, en s'adaptant au rythme des scènes, à leur ton comique ou dramatique, et ainsi créer une ambiance sonore qui accompagne le récit et met les images en valeur. Le cinéma moderne a conservé cette place essentielle accordée à la musique dans les œuvres qu'on appelle maintenant *audiovisuelles* ; la bande originale d'un film est un outil du suspens, révélatrice d'émotions, créatrice d'atmosphères.

2. Le fabuleux travail du compositeur

Lorsqu'une œuvre musicale est composée spécialement pour un film, le compositeur en est l'un des coauteurs, au même titre que le réalisateur et le scénariste. Son rôle est donc primordial pour l'identité du film. Ces « bandes originales » composent une atmosphère qui répond aux enjeux du film et composent un univers complet, aussi visuel que sonore. Un même compositeur est souvent le point commun entre de nombreuses œuvres qui n'ont par ailleurs rien à voir, ou est, au contraire, le fil rouge entre presque tous les films d'un réalisateur.

3. Quatre compositeurs de renommée mondiale

On ne connaît pas forcément leur nom mais on reconnaît instantanément leur musique ; si peu de compositeurs sont devenus aussi célèbres auprès du grand public que les œuvres auxquelles ils ont collaboré, leur musique reste dans les mémoires et quelques notes suffisent à évoquer un film culte, une scène ou un personnage emblématique.

Ennio Morricone est un compositeur et chef d'orchestre italien, dont le nom évoque instantanément les célèbres westerns spaghettis de Sergio Leone. Cette collaboration commence en 1964, avec *Pour une poignée de dollars*, premier volet de la *Trilogie du Dollar (Pour quelques dollars de plus, Le Bon, la Brute et le Truand)*. Le film rencontre un succès modéré, mais la partition musicale vaut à Morricone le respect de ses pairs. Après le western, il accompagne des cinéastes italiens aux univers singuliers : Bernardo Bertolucci, Pier Paolo Pasolini, Dario Argento…

Alexandre Desplat, qui a démarré sa carrière en France, a acquis une reconnaissance internationale, associant ses œuvres à des cinéastes étrangers de renom, comme Wes Anderson (*Le Grand Budapest Hotel*, pour lequel il reçoit l'Oscar de la meilleure musique de film), Polanski (*Carnage, J'accuse*…), David Fincher (*l'Étrange Histoire de Benjamin Button*) sans compter la saga des *Harry Potter et Twilight*. On trouve sa musique dans de nombreux films français : *Un prophète, De rouille et d'os, De battre mon cœur s'est arrêté, Largo Winch*.

John Williams est le compositeur fétiche de Steven Spielberg. Il compose pour lui les bandes originales des *Dents de la mer, E.T., Indiana Jones, Jurassic Park, La Guerre des mondes*… Mais on le connaît aussi pour certaines des plus grands succès de ces dernières décennies, comme les sagas *Star Wars* et les premiers *Harry Potter*.

Hans Zimmer, musicien autodidacte allemand, s'intéresse à la musique électronique dès les années 1970, et se voit attribuer son premier Oscar en 1994 pour *Le Roi Lion*. Des années 1980 à aujourd'hui, sa carrière est prolifique et éclectique. On trouve son nom derrière des titres allant du peplum au film historique (*Gladiator, Le dernier Samouraï, Twelve Years a Slave*…), du film d'animation au film de super-héros (*Kung-Fu Panda, Madagascar, Wonder Woman, The Dark Knight, X-Men, Batman vs Superman*…), mais passant aussi par de grands films de science-fiction, de suspens ou d'horreur (*Inception, Interstellar, Da Vinci Code, Mission Impossible, Hannibal, The Ring*…).

4. Pourquoi se souvient-on de la musique d'un film ?

Art très élaboré, le cinéma se nourrit de musique selon trois principes. Quand seul le spectateur entend une musique, on dit qu'elle est « extra-diégétique ». C'est le cas la plupart du temps, la musique soutenant alors la narration au profit du seul spectateur pour le plonger dans une ambiance particulière (renforcer le suspens, faire peur) ou pour traduire l'état émotionnel du personnage. La musique est dite « diégétique » lorsqu'elle correspond à une mélodie présente dans la réalité du récit, comme la musique diffusée dans un bar ou une boîte de nuit. Enfin, elle est « In » lorsque sa source est visible à l'écran ; par exemple dans des scènes où un personnage chante, joue d'un instrument ou assiste à un concert. Cette terminologie, intéressante pour mieux comprendre les ressorts de la narration, met aussi en évidence la pluralité des emplois de la musique au cinéma.

a. La danse au bal ou en boîte au cinéma

Les pistes de danse, lieux de tous les dangers, sont le décor de scènes fameuses ; c'est alors un emploi « diégétique ».

Dans *French Cancan* (1955), Jean Renoir met en scène Danglard, créateur de spectacles, et Nini, une blanchisseuse transformée en danseuse.

Dans *Scarface* (1984), Tony Montana se rend tous les soirs au Babylon Club, qui sera le décor d'une spectaculaire fusillade.

Dans *Pulp Fiction* (1994), une scène de danse endiablée entre Uma Thurman et John Travolta, devenue culte, se déroule sur la piste de danse du Jack Rabbit Slim's.

b. Le piano à l'écran

Largement utilisé par le cinéma, le piano est un motif classique qui fait advenir l'action ou met en valeur des décalages, c'est alors un emploi « in ».

Dans *Tirez sur le pianiste* (1960) de François Truffaut, un pianiste de bar timide joué par Charles Aznavour se retrouve au centre d'une intrigue policière entre gangsters.

Dans *La Grande Bouffe* (1973) de Marco Ferreri, Michel joué par Michel Piccoli joue un dernier morceau de piano, couvrant les bruits de ses pets, avant de s'effondrer, raide mort.

Dans *Elephant* (2003), l'un de deux auteurs de la tuerie de Columbine en 1999 joue la « Lettre à Élise » de Beethoven, thème musical central du film, dont la douceur contraste de manière terrible avec la violence qui éclate dans le lycée.

c. Les chanteuses à l'écran

Illustres ou ratées, les chanteuses sont une source d'inspiration pour les réalisateurs, tant comme personnages que comme actrices. La musique est alors « in », elle constitue le socle du film.

Dans *La Môme* (2007), Olivier Dahan met en scène Marion Cotillard dans le rôle d'Edith Piaf. Le film reste célèbre pour l'interprétation de l'actrice, criante de ressemblance lors des scènes de chant.

Dans *Marguerite*, Xavier Giannoli nous raconte l'histoire aussi dramatique que comique de Marguerite Dumont, détentrice d'une des pires voix imaginables, mais qui se rêve cantatrice.

Dans *A Star is Born*, Bradley Cooper utilise les talents et le charisme de la chanteuse Lady Gaga, pour interpréter l'ascension fulgurante du personnage d'Ally Campana.

➲ Focus sur... les comédies musicales

1. *Le chanteur de Jazz*, Alan Crosland, 1927

Ce premier film sonore est aussi un film musical. *Le chanteur de Jazz* raconte l'histoire de Jakie, rejeté par sa famille à cause de sa passion pour le jazz, et qu'une actrice va aider à faire carrière à Broadway, dans le monde des comédies musicales. Il opère donc une synthèse entre un cinéma enfin doué de parole mais qui n'oublie pas la présence essentielle de la musique, et la tradition théâtrale des shows musicaux qui font fureur à Broadway. Depuis *le chanteur de Jazz*, les comédies musicales sont devenues un genre phare du cinéma, se diffusant avec succès des salles de spectacles aux salles obscures.

2. Quelques classiques du genre

3 variations sur le thème de Roméo et Juliette

West Side Story, de Robert Wise et James Robbins, 1962

Grease, de Randal Kleiser, 1978

Dirty Dancing, d'Emile Ardolino, 1987

3 comédies musicales de Jacques Demy

Les parapluies de Cherbourg, 1964

Les demoiselles de Rochefort, 1967

Une chambre en ville, 1982

2 classiques de la musique au cinéma

Le Magicien d'Oz, de Victor Fleming, 1939

Chantons sous la pluie, de Gene Kelly et Stanley Donen, 1952

➲ Focus sur *Amadeus*, un film de Milos Forman, 1984

Le film met en scène deux compositeurs de renom : Amadeus Mozart et Antonio Salieri. Mozart est sans doute le plus célèbre des compositeurs classiques et son nom évoque d'emblée la virtuosité et le génie. Salieri, quant à lui, n'évoque pas grand-chose. En choisissant d'adopter le point de vue du pauvre Salieri, déchu par Mozart de sa place de musicien officiel de la cour de l'Empereur Joseph II, Milos Forman aborde les thèmes du génie et de la rivalité.

1. La musique est-elle le reflet de l'âme de son compositeur ?

Le film met en exergue de nombreuses problématiques. Ainsi, le talent et la dévotion font-ils de meilleurs musiciens que le génie et la frivolité ? Et quelle est la part du miracle, de l'intervention divine, dans la virtuosité ? Un admirateur peut-il tuer par jalousie ?

2. Le duel Mozart versus Salieri

Le film débute sur le suicide de Salieri. Il s'agit d'un personnage complexe, un dévot qui croit en la sainteté de la musique et dédie sa vie et son œuvre à Dieu. Alors qu'il triomphe à la cour, il entend parler de Mozart et reconnaît immédiatement en lui un génie qui ne peut être que divin : sa musique est un miracle. Il le présente à l'empereur et se trouve confronté à un personnage qui incarne tout ce qui lui est insupportable : turbulent et grossier, Mozart n'est rien de plus qu'un enfant mal éduqué. Il pète, rit aux éclats, se moque de toutes les conventions ; Amadeus représente le chaos.

3. Trahison divine et vengeance

Salieri se décrète victime d'une trahison divine : il ne peut accepter la dualité entre l'admiration immense qu'il ressent pour la musique du jeune homme, et le dégoût que lui inspire son âme. Le film prend donc le parti d'utiliser la musique comme lieu de questionnement sur les qualités humaines et morales. Les nombreuses séquences de piano opposent visuellement et musicalement les deux personnages : certaines scènes montrent un Mozart ivre et déchaîné, jouant frénétiquement, les yeux fermés et la tête à l'envers. En se rendant coupable de la mort de Mozart, Salieri commet le pire des péchés, et comprend mais trop tard que le génie et la frivolité ont pour point commun l'innocence, qui fait fi des normes sociales et religieuses.

Testez-vous !

1. **Lequel de ces films n'est pas une comédie musicale ? *Entourez la bonne réponse.***

a. *Le magicien d'Oz*

b. *French Cancan*

c. *Grease*

d. *Les parapluies de Cherbourg*

2. **Qui a composé notamment pour Pier Paolo Pasolini, Dario Argento et Marco Bellochio ? *Entourez la bonne réponse.***

a. Ennio Morricone

b. John Williams

c. Hans Zimmer

d. Sergio Leone

e. Alexandre Desplat

3. **Quels sont les instruments à l'honneur dans les films suivants ? Choisissez la bonne proposition.**

1. *La grande bouffe*	Piano	Violon
2. *Amadeus*	Piano	Viole de gambe
3. *Elephant*	Piano	Guitare

MÉTHODOLOGIE DE LA SYNTHÈSE DE DOCUMENTS

Fiche n° 1

Les grands principes de la synthèse en 11 questions

1	En quoi consiste une synthèse ?	C'est un écrit structuré qui met en évidence les idées importantes d'un dossier, ou « corpus ».
2	En quoi consiste le corpus ?	Ce sont 3 ou 4 documents abordant un sujet commun et offrant des points de vue variés sur celui-ci.
3	Quels genres de documents composent ce corpus ?	Ce sont des textes de nature différente issus de la presse, de la littérature, d'essais… et aussi parfois un document visuel (photo, dessin, etc.).
4	J'ai combien de temps pour faire une synthèse ?	L'épreuve de culture générale dure 4 heures donc comptez environ 2 h 30 ou 3 heures, car vous avez aussi le travail d'écriture personnelle à faire.
5	Quelle est ma mission à partir de ce corpus ?	Établir les points communs, les divergences, les complémentarités de ce corpus.
6	Combien de pages doit faire ma synthèse ?	Environ une copie double. La concision, c'est-à-dire la capacité à écrire de façon condensée, est très appréciée.
7	Combien de parties comporte une synthèse ?	3 parties : une introduction, un développement et une conclusion.
8	Faut-il traiter tous les documents ?	Oui, absolument tous ! L'omission d'un document est pénalisée.
9	Est-ce que je peux faire des citations des documents ?	Surtout pas car votre travail consiste à reformuler les idées des auteurs, ce qui implique d'être objectif.
10	Qu'est-ce que l'objectivité ?	C'est avant tout ne pas donner son avis. Seules les idées des auteurs comptent dans la synthèse.
11	Comment reformuler les idées ?	En utilisant des verbes qui reflètent bien l'idée de l'auteur, et il y en a beaucoup !

Fiche n° 2

Comment dois-je réaliser ma synthèse ?

Voici les étapes détaillées de la synthèse, vous êtes prêt ?

Étape 1. Survol du corpus, durée : 5 minutes

Vous devez d'abord « jeter un œil » aux types de documents du corpus. Déterminez leur nature : s'agit-il d'extraits d'essais, de textes littéraires, d'articles ? Regardez s'il y a un document non textuel : une BD, une photographie, un tableau ? Examinez les titres, les dates, le nom des auteurs. Vous y trouverez des indices pour la compréhension du sujet, ce qui facilitera votre lecture. À partir de là, déterminez un ordre de lecture. Il est préférable de commencer par lire les extraits d'essais ou les articles puis de poursuivre avec les textes littéraires. En effet, les extraits d'essais et les articles contiennent souvent les idées clés du dossier et les documents littéraires et les images servent à illustrer ces idées clés.

Étape 2. Lecture analytique et prise de notes, durée : 30 minutes

Vous avez ensuite une lecture analytique à réaliser. Il s'agit de trouver et reformuler les idées principales de chaque document en utilisant le moins possible les mots du texte. Comptez 6 à 10 idées par document, un peu moins pour le document visuel.

Faites un tableau et consacrez une colonne par document. C'est ce qu'on appelle le tableau de confrontation. Dans chaque colonne, écrivez, en les numérotant, les idées qui apparaissent. Pour chaque idée trouvée, écrivez une courte phrase.

Doc. 1	Doc. 2	Doc. 3	Doc. 4

Astuce : en général, l'image ne contient pas d'idée nouvelle mais elle illustre des idées déjà abordées dans les textes. Vous devez donc chercher avec quels autres documents elle partage ses idées.

Étape 3. Regroupement cohérent des idées, durée : 15 minutes

Une fois terminée la prise de notes, vous devez chercher quelles idées se complètent, quelles idées s'opposent puis organiser ces idées en deux ou trois parties distinctes.

Étape 4. La recherche de plan, durée : 10 minutes

Vous devez maintenant finaliser votre plan. Il est conseillé de l'écrire au brouillon de façon très détaillée, avec les parties, les sous-parties et les documents que vous allez traiter dans chaque paragraphe. Vous pouvez vous aider des différents plans types :

a) Le plan analytique regroupe des constats dans une première partie ; il aborde les causes dans une deuxième partie et éventuellement les conséquences (ou solutions) dans une troisième partie.

Ex. Constats : La maison individuelle : un rêve, certes mais inaccessible/Causes : Le coût est important, l'offre est réduite/Conséquences : un accès inégalitaire aux maisons individuelles.

b) Le plan binaire présente des idées contraires dans la première et la seconde partie.

Ex. Ex. La maison : un espace fermé/La maison : un espace ouvert.

c) Le plan thématique regroupe des aspects d'un même thème dans différentes parties.

Ex. 1) La maison dans sa dimension économique 2) La maison dans sa dimension familiale 3) La maison dans sa dimension culturelle.

d) Le plan mixte combine plusieurs parties des plans précédents pour s'adapter à votre synthèse.

Ex. 1) La décoration intérieure : une tendance forte 2) Des causes multiples à cette tendance 3) La dimension économique de cette tendance.

Étape 5. La rédaction, durée : 50 minutes

C'est le « gros morceau » de votre travail ! Pour être sûr(e) de le réussir, soignez les aspects suivants :

a) Structurez votre texte.

Sautez une ligne entre chaque partie (introduction, développement et conclusion). Allez à la ligne à chaque nouveau paragraphe. Les différentes parties de votre développement doivent toujours commencer par l'idée principale. Les paragraphes doivent être bien organisés eux aussi. Ils doivent commencer par une idée principale et donner ensuite le détail et les nuances des différents auteurs.

b) Respectez les normes de présentation des documents.

Vous devez souligner les titres des œuvres et mettre entre guillemets les sous-titres. Les sous-titres sont, par exemple, des titres de chapitres, des titres de poèmes, de fables, de chansons.

Ex. Danièle Voldman, « Les Masques du logement social », Désirs de toits, 2010.

c) Équilibrez les parties de votre texte.

Contrairement à la conclusion, qui est très courte, l'introduction de la synthèse est parfois assez longue si on veut y présenter les documents ; essayez d'équilibrer les différentes parties de votre développement. Cependant, un léger déséquilibre est sans gravité. Par exemple, une partie peut faire 2 paragraphes et l'autre en faire 3.

Étape 6. Relecture, durée : 15 minutes

Une dernière lecture attentive est indispensable : vérifiez les accents, les majuscules, la ponctuation dans son ensemble, les accords des adjectifs, des participes passés. Vérifiez, enfin, que vous avez bien conjugué les verbes.

Fiche n° 3

Comment réussir son introduction de synthèse ?

L'introduction de la synthèse ne s'improvise pas ; il s'agit d'une partie assez longue par rapport à l'ensemble de votre texte. Et comme très logiquement, c'est le premier passage qui sera lu par votre lecteur évaluateur, il vaut mieux la soigner !

1. Trouver une amorce (ou « accroche »)

Il s'agit d'une phrase à visée générale qui introduit la lecture de votre texte. Il peut s'agir d'un proverbe, d'une vérité générale, d'une courte anecdote, d'un fait divers ou d'une citation (mais évitez de citer un des documents du corpus). L'amorce n'est pas obligatoire mais elle est utile pour attiser la curiosité de votre lecteur. Elle montre également votre capacité à comprendre et à rendre compte du dossier dans sa globalité.

Imaginons un sujet de synthèse sur « la maison idéale ».

Ex. 1. On pourrait utiliser la chanson de Francis Lalanne « La Maison du bonheur ». Ce qui donnerait, une fois écrit : « Il y a quelques années, Francis Lalanne chantait "ce serait la maison du bonheur" ; cette chanson sentimentale exprime bien toutes les émotions attachées à cette maison idéale. »

Ex. 2. On pourrait utiliser la chanson de Ricet Barrier « Ma Maison de rêve » pour souligner le goût de la ville au détriment du monde rural. Ce qui donnerait, une fois écrit : « En chantant "Ma Maison de rêve", Ricet Barrier montre sa préférence pour la ville au détriment du monde rural. »

2. Présenter le sujet

À la suite de l'amorce, vous devez présenter le sujet en le formulant simplement mais précisément.

Ex. Prenons le sujet du télétravail, cela donnerait : « *Le dossier soumis à notre étude traite du télétravail et des transformations de la vie domestique qui lui sont liées* ».

3. Présenter les documents

Soit vous regroupez les documents par points communs, soit vous les présentez l'un après l'autre. Vous devez donner le nom de l'auteur, le titre et le type de document, sa source, la date et l'idée principale.

Ex. Dans son roman Propriété privée, paru en 2019, Julia Deck expose les relations ambivalentes entre voisins d'un même lotissement favorisé.

Bon à savoir : vous avez également le choix de présenter tous les documents dans votre développement.

4. Trouver une problématique

À la suite de la présentation des documents, vous devez présenter la problématique, il s'agit de la grande question générale soulevée par le dossier. Cette problématique a généralement la forme d'une question et elle doit être en lien avec le plan que vous avez choisi. Trouver la problématique demande généralement un peu d'exercice.

Ex. 1. La maison n'est-elle qu'un espace clos ?

Ex. 2. Comment lutter contre le mal-logement ?

Ex 3. « Rester chez soi » ; est-ce une recommandation inoffensive pour nos vies sociales ?

5. Annoncer son plan

Il s'agit d'annoncer à votre lecteur évaluateur quel plan vous avez choisi de suivre dans votre développement. Vous pouvez choisir une formulation explicite (Ex. 1) ou implicite (Ex. 2).

Ex. 1. Dans une première partie, nous rendrons compte de la maison idéale qui met tout le monde d'accord, puis nous mentionnerons les caractéristiques de cet idéal selon chacun.

Ex. 2. Si la maison idéale présente des caractéristiques communes à tous, son portrait peut aussi varier d'une personne à l'autre.

Fiche n° 4

Comment réussir son développement ?

Plus votre texte sera structuré et plus il gagnera en efficacité.

1. Organiser ses idées

Une fois que vous avez choisi votre plan (2 ou 3 parties), vous devez constituer 2 ou 3 paragraphes dans chaque partie. Ces paragraphes doivent suivre un ordre logique, en allant du plus évident vers le moins évident, du plus connu vers le moins connu, du plus visible au plus abstrait.

Ex. Une partie consacrée à la maison connectée avec les paragraphes suivants :

1	2	3
La maison connectée et ses partisans	*La maison connectée et ses détracteurs*	*La maison connectée et le risque d'espionnage domestique*

L'ordre des paragraphes suit la logique du plus fréquent au moins fréquent, du plus évident au moins évident.

2. Construire un paragraphe

Un paragraphe s'appuie sur plusieurs documents. Pour rendre un paragraphe efficace, on commence par énoncer l'idée principale, commune à plusieurs documents, et l'on donne ensuite le détail de ces documents.

Ex. La maison connectée est a priori une excellente chose. Ainsi, dans son article, A. Robignol affirme qu'elle apportera du confort à tous. De même, selon V. Vouvrier, les scientifiques redoublent d'imagination pour rendre chaque fonction de la maison gérable à distance. Comme le montre bien G. Henri, la maison connectée fait rêver beaucoup de monde.

Les paragraphes doivent développer l'idée principale de la partie traitée. En plus des connecteurs logiques habituels, d'autres connecteurs doivent vous servir à structurer les paragraphes.

Ex. « La maison connectée présente de nombreux avantages.

En premier lieu,… (paragraphe 1).

Par ailleurs, /en outre… (paragraphe 2)

Enfin,… (paragraphe 3)

3. Faire des transitions

Entre chaque partie, vous devez faire une transition ; en une phrase ou deux, il s'agit de récapituler la partie précédente et d'annoncer ce qui suit. Sautez une ligne avant et après la transition, n'en faites pas après l'introduction ni avant la conclusion.

Une transition ne doit pas trop dévoiler la suite du texte et en cela, elle doit être plutôt courte. Vous pouvez être assez explicite dans l'annonce des parties (Ex. 1) ou plus implicite (Ex. 2).

Ex. 1. Comme nous l'avons vu, la vie en maison individuelle présente beaucoup d'avantages. Toutefois, vivre dans un appartement est également intéressant.

Ex. 2. Longtemps idéalisée, la résidence secondaire a souvent incarné un rêve difficile d'accès. Mais la réalité de la résidence secondaire pourrait bien remettre cet idéal en question.

Fiche n° 5

Comment reformuler les idées du corpus ?

Choisir un verbe adapté pour reformuler les idées d'un auteur est une compétence très importante. Elle prouve que vous avez bien compris le message ou l'intention de l'auteur. Vous avez l'embarras du choix ! Cette liste est loin d'être exhaustive.

Si l'auteur...	Verbes appropriés
affirme	affirme, considère, convient de, évoque, estime que, fait part de, fait l'éloge de, met en évidence, reconnaît, revendique, soutient, manifeste, montre, pense
fait un constat ou une analyse de type neutre	analyse, décrit, démontre, détaille, dévoile, explique, fait apparaître, reconnaît, met en évidence, met en lumière, met en exergue, montre, prouve, signale
s'interroge et exprime un doute ou fait une hypothèse	craint, croit, émet l'hypothèse que, doute de, s'interroge, s'inquiète de, imagine, questionne, remet en question, suppose
remet en question ou critique	s'amuse de, condamne, conteste, dément, déplore, désapprouve, exprime des réserves sur, s'indigne (de), se moque de, nie, récuse, regrette, réprouve, rejette
critique fortement	alerte, dément, dénonce, s'inscrit en faux contre, s'insurge contre, s'oppose à, proteste, refuse, rejette l'idée selon laquelle, repousse
donne un conseil	conseille, défend, préconise, prône, soutient, suggère

Fiche n° 6

Comment exploiter l'image du corpus ?

1. Quels types de documents peut-on trouver ?

Ce document qu'on nomme « iconographique » peut être une image, une photo, une gravure. Vous devez d'ailleurs le nommer par son nom : la photo, la gravure, le dessin, etc.

2. Y a-t-il toujours un document type « image » dans le dossier ?

Il y a souvent une image dans les corpus de synthèse. Ce n'est pas systématique mais il y en a souvent. Par contre, il ne peut jamais y en avoir plus d'une.

3. Comment l'analyser ?

Vous devez d'abord analyser le document : que voit-on au premier plan ? Qu'y a-t-il au second plan ? Quelle impression générale se dégage du document ? Ensuite, vous devez confronter les idées des textes du dossier à ce document iconographique : quelles idées sont illustrées ?

4. Comment relier ce document aux autres ?

Une image ne contient jamais d'idées propres : elle sert toujours à illustrer les idées présentes dans les textes.

5. Un exemple[1]

Voici une photo. Elle est incluse dans un dossier qui contient quelques-unes des idées suivantes : X et Y « l'importance du lieu collectif » ; Y et Z : « le dialogue en famille » ; X et Z : « la luminosité de la pièce de vie » ; X, Y et Z : « les maisons en ville ». Les idées communes avec ce document seront : « l'importance du lieu collectif » ; « le dialogue en famille ».

Source : Wikimedia commons, Living room at 35 Yowani Rd, Meika Loofs Samorzewski.

6. Comment formuler les idées en recourant à l'image ?

Voici des exemples de formulation : « Tout comme l'indiquent X et Y, la maison est un lieu collectif. Cette idée est bien représentée dans la photo sur laquelle on voit des sièges installés en cercle. » « La maison est un lieu où le dialogue en famille doit avoir sa place. C'est l'idée que soutiennent Y et Z dans leurs textes. La photo suggère également cette idée car les sièges dans cette pièce invitent au dialogue. »

7. Quels verbes utiliser à propos de l'image ?

Une image ne démontre rien. En revanche, vous pouvez utiliser les verbes « montrer », « suggérer », « illustrer », « évoquer ».

1. https://upload.wikimedia.org/wikipedia/commons/thumb/b/b8/Living_room_at_35_Yowani_Rd_Rosedale_NSW_all_burnt_in_2019-12-19_bushfire.jpg/640px-Living_room_at_35_Yowani_Rd_Rosedale_NSW_all_burnt_in_2019-12-19_bushfire.jpg.

Fiche n° 7

Comment confronter les idées ?

L'essentiel de la synthèse est de proposer une confrontation des idées essentielles traitées dans le dossier. Quelques formules peuvent vous aider à développer cette capacité.

Intentions	Types de formules possibles
Les auteurs sont plutôt d'accord	X partage l'avis de Y, est d'accord avec Y X renchérit, soutient, valide, rejoint, reconnaît, adhère à l'idée, à l'argument, à la thèse de Y X et Y sont d'accord pour affirmer que … Tout comme X, Y et Z estiment que … Les auteurs sont unanimes pour …
Les auteurs ne sont pas (tous) d'accord	X ne partage pas l'avis de Y X émet des réserves, des doutes, remet en question l'argument de Y X s'inscrit en faux contre l'idée exprimée par Y Loin de partager l'idée de Y, X affirme que … Si X affirme […], en revanche Y considère que… Z est opposé à l'idée poursuivie par X et Y X et Y ; quant à Z… X exprime des réserves sur…
Les auteurs se complètent	X prolonge l'idée de, est d'accord avec, complète l'idée de Y X corrobore l'idée, l'argument de Y X abonde dans le sens de Y À l'instar de Y, X considère que… Comme Y, X estime que… X va plus loin et signale que… X nuance le propos de Y

Fiche n° 8

Comment réussir sa conclusion ?

1. Le principe de la conclusion

Comme vous vous en doutez, la conclusion fait un bilan sur les idées qui ont été développées dans la synthèse. Il s'agit des grandes idées traitées dans le développement avec une « valeur ajoutée », c'est-à-dire ce que vous avez mis en valeur.

Ex. En définitive, la maison individuelle et l'appartement ont chacun des avantages et des inconvénients. La maison individuelle incarne le rêve d'une vie autonome dans un espace large parfois doté d'un jardin mais l'appartement, plus modeste, s'appuie sur les atouts d'une vie en collectivité.

2. Le signal de la conclusion

Un connecteur ou une expression jouant le même rôle doivent figurer dans votre conclusion : « *en somme* », « *in fine* », « *en conclusion* », « *pour conclure* », « *en définitive* ». Ou encore : « *on retiendra de cette étude que…* ». Cette expression est indispensable pour signifier à votre lecteur évaluateur qu'il est bien en train de lire votre conclusion.

3. Les particularités de la conclusion de synthèse

Vous avez fait des dissertations de français, de philosophie, des explications de texte, des commentaires composés ; chacun de ces écrits a ses particularités. Voici celles de la conclusion de synthèse.

Généralement, la conclusion de synthèse « n'ouvre pas » sur une question générale ou sur un sujet annexe. Par ailleurs, vous ne devez faire référence à aucun document du dossier mais confirmer les idées générales.

Fiche n° 9

Auto-évaluer sa synthèse de documents

Pour y voir clair dans vos compétences et vous permettre de progresser efficacement, voici une grille d'évaluation. Chacun des critères est évalué sur 10 points car la synthèse est notée sur 40 points. Les « critères de réussite » détaillent ce que l'examinateur s'attend à trouver dans votre devoir. Attention, cette grille n'a qu'un caractère indicatif.

Compétences	Critères de réussite	Points attribués
Compréhension des documents	Les idées principales sont présentées sans prétention à l'exhaustivité.	10 points
Organisation de la synthèse	Un plan logique est lisible dans le développement, clairement annoncé dans l'introduction.	10 points
Confrontation des documents	Les liens entre les différents documents sont établis dans le développement. Tous les documents sont traités.	10 points
Rédaction	Le texte respecte le code de la langue écrite : syntaxe, grammaire, orthographe. L'écriture est lisible. La synthèse est concise.	10 points

Fiche n° 10

Comment être sûr de progresser efficacement ?

Pour y voir clair dans votre progression, le tableau ci-dessous peut vous aider à identifier précisément vos points forts et les points à améliorer. Cochez les cases selon que chaque opération vous semble « très facile » (++), « facile » (+), « normale » (+ –) ou difficile (–).

Comprendre les documents	–	+ –	+	+ +
Trouver l'idée principale des documents				
Comprendre et analyser un texte				
Comprendre et analyser une image				
Percevoir des nuances dans une opinion				
Distinguer les idées principales et secondaires				
Trouver une problématique				
Rédiger sa synthèse				
Employer les mots d'un registre écrit				
Formuler une problématique				
Formuler une idée				
Faire référence aux auteurs				
Faire des phrases complètes correctes				

Ce tableau vous permet de guider votre travail tout au long de vos deux années de préparation à l'épreuve. Vous pouvez même aller plus loin et vous constituer un petit programme de travail personnel en fonction de votre propre profil.

Plutôt à l'aise à l'écrit ? Consacrez vos efforts à apprendre la méthodologie de la synthèse et à explorer les thématiques au programme.

Des difficultés à l'écrit ? Exercez-vous à reformuler les idées principales de documents et constituez-vous un carnet de vocabulaire personnel pour apprendre du lexique (très utile pour toutes les matières au programme de BTS).

Fiche n° 11

Fiche mémo sur la synthèse

En un coup d'œil, 10 points essentiels sur la synthèse.

	Peut-on…	Réponse
1	Faire des citations d'auteurs dans la synthèse en en recopiant des passages ?	Non, surtout pas, vous devez reformuler les idées.
2	Faire référence à des documents, des exemples qui ne figurent pas dans le dossier ?	Non, pas du tout ! Ne traitez que les documents du dossier.
3	Faire un plan apparent (I, 1, etc.) ?	Non, c'est très utile pour votre brouillon mais pas pour votre copie.
4	Laisser un document de côté ?	Non, tous les documents doivent être traités.
5	Donner son avis personnel sur le sujet ?	Non, surtout pas, vous devez rester objectif tout le temps !
6	Construire un paragraphe autour d'une seule référence ?	Ce n'est pas souhaitable, un paragraphe doit traiter de plusieurs documents.
7	Énumérer les idées à la suite les unes des autres ?	Non, vous devez d'abord choisir un plan.
8	Traiter toutes les idées présentes dans les documents dans le moindre détail ?	Non, une synthèse doit être « concise », cela signifie que vous ne devez aborder que les idées principales.
9	Revenir sur une idée déjà exprimée ailleurs dans votre copie ?	Non, une idée ne doit être abordée qu'une seule fois.
10	Utiliser n'importe quel pronom personnel ?	Non, le « je » est interdit, le « nous » a sa place dans l'annonce de plan mais doit être évité ailleurs.

Fiche n° 12

Synthèse détaillée sur le thème « Dans ma maison »

Document 1

Ruinée par son fils, Jeanne est contrainte de vendre la demeure familiale héritée de ses parents. Elle doit choisir les meubles qui la suivront dans son nouveau logis aux proportions bien plus modeste.

Elle allait de pièce en pièce, cherchant les meubles qui lui rappelaient des événements, ces meubles amis qui font partie de notre vie, presque de notre être, connus depuis la jeunesse et auxquels sont attachés des souvenirs de joies ou de tristesses, des dates de notre histoire, qui ont été les compagnons muets de nos heures douces ou sombres, qui ont vieilli, qui se sont usés à côté de nous, dont l'étoffe est crevée par places et la doublure déchirée, dont les articulations branlent, dont la couleur s'est effacée.

Elle les choisissait un à un, hésitant souvent, troublée comme avant de prendre des déterminations capitales, revenant à tout instant sur sa décision, balançant les mérites de deux fauteuils ou de quelque vieux secrétaire comparé à une ancienne table à ouvrage.

Elle ouvrait les tiroirs, cherchait à se rappeler des faits ; puis, quand elle s'était bien dit : « Oui, je prendrai ceci », on descendait l'objet dans la salle à manger.

Elle voulut garder tout le mobilier de sa chambre, son lit, ses tapisseries, sa pendule, tout.

Elle prit quelques sièges du salon, ceux dont elle avait aimé les dessins dès sa petite enfance ; le renard et la cigogne, le renard et le corbeau, la cigale et la fourmi, et le héron mélancolique.

Puis, en rôdant par tous les coins de cette demeure qu'elle allait abandonner, elle monta, un jour, dans le grenier.

Elle demeura saisie d'étonnement ; c'était un fouillis d'objets de toute nature, les uns brisés, les autres salis seulement, les autres montés là on ne sait pourquoi, parce qu'ils ne plaisaient plus, parce qu'ils avaient été remplacés. Elle apercevait mille bibelots connus jadis, et disparus tout à coup sans qu'elle y eût songé, des riens qu'elle avait maniés, ces vieux petits objets insignifiants qui avaient traîné quinze ans à côté d'elle, qu'elle avait vus chaque jour sans les remarquer et qui, tout à coup, retrouvés là, dans ce grenier à côté d'autres plus anciens dont elle se rappelait parfaitement les places aux premiers temps de son arrivée, prenaient une importance soudaine de témoins oubliés, d'amis retrouvés. Ils lui faisaient l'effet de ces gens qu'on a fréquentés longtemps sans qu'ils se soient jamais révélés et qui soudain, un soir à propos de rien, se mettent à bavarder sans fin, à raconter toute leur âme qu'on ne soupçonnait pas.

Elle allait de l'un à l'autre avec des secousses au cœur se disant : "tiens, c'est moi qui ai fêlé cette tasse de Chine, un soir quelques jours avant mon mariage. – Ah ! voici la petite lanterne de mère et la canne que petit père a cassée en voulant ouvrir la barrière dont le bois était gonflé par la pluie. "

Il y avait aussi là-dedans beaucoup de choses qu'elle ne connaissait pas, qui ne lui rappelaient rien, venues de ses grands-parents, ou de ses arrière-grands-parents, de ces choses poudreuses qui ont l'air exilées dans un temps qui n'est plus le leur et qui semblent tristes de leur abandon, dont personne ne sait l'histoire, les aventures, personne n'ayant vu ceux qui les ont choisies, achetées, possédées, aimées, personne n'ayant connu les mains qui les maniaient familièrement et les yeux qui les regardaient avec plaisir.

Une vie, Maupassant, 1883.

Document 2

La sociologie s'est attachée à décrire les contours de l'individu ; ainsi, Didier Anzieu a défini le concept du « moi-peau » : cette enveloppe qui fait le tour de notre corps et de notre être. Plus périphérique mais jouant sans doute le même rôle se trouve le logis. La maison que nous habitons joue un rôle enveloppant de premier ordre. Cette habitation est une carapace qui nous protège de l'extérieur : on y est « chez soi », ce qui signifie que la maison est, tout d'abord, un cadre intime dans lequel ne peuvent figurer que nos très proches.

Mais la maison est aussi, et avant, tout un lieu « habité » qui porte nos traces, qui témoignent de ce que nous sommes ou ce que nous avons été. C'est, pour cette raison, un lieu chargé en émotions. Quand vient le moment de « vider la maison », son contenu fait alors l'objet d'un inventaire minutieux et la valeur des objets de la maison revit dans les mains de celui ou de celle qui les manipule. « Je n'ai jamais pu me résoudre à trier ses affaires » dit un veuf au décès de sa femme. Ce sont des voisines, proches de la défunte, qui se sont chargées de faire du rangement. Cet homme n'était pas forcément un hypersensible, sa difficulté tenait au fait que la maison « respire » le parfum de ses habitants. L'émotion est donc vive quand l'habitant (l'habitante, en l'occurrence) n'est plus mais que la maison vit encore à travers ses objets familiers.

Plus encore, la maison est une représentation volumétrique de la famille. Les ados se terrent dans leurs chambres, les plus jeunes y font leurs devoirs ou y bouquinent ; on se retrouve dans le salon. La maison témoigne de la place de chacun : l'intimité de la chambre, la collectivité du séjour, les fonctions essentielles du corps s'y jouent (nutrition, hygiène), la maison orchestre les fonctions vitales de la tribu familiale. On comprend quels enjeux elle incarne aujourd'hui comme hier.

Pascaline Messager, *Au temps de nos maisons*, Ellipses, 2021

Document 3

Source : Wikimedia commons, At Maison Lafitte, Mandeville, Louisiana, Infrogmation of New Orleans

Document 4

Ce n'est pas la valeur des objets qui fait la valeur d'une maison. C'est plutôt sa valeur affective. Prenez un cadre assez modeste, l'invité se dira « voilà un endroit bien insignifiant » tandis que ses habitants accorderont une immense valeur à tel ou tel objet. La maison nous définit, la maison nous désigne, elle nous renvoie à ce que nous sommes.

Bien plus encore, la maison nous renvoie à ce que nous avons été. Nous conservons en effet des objets pour leur valeur sentimentale. La maison nous rattache à l'enfance, en témoigne ces fonds de placards qui abritent un vieux jouet, un doudou ancestral, un vêtement de bébé. Comment se défaire de ce qui nous a accompagné si longtemps ? C'est une mission dans laquelle nous sommes peu nombreux à nous engager de bon cœur, sauf contraints. [...].

Il existe une pathologie peu connue : la syllogomanie, qui touche des milliers de personnes incapables de se séparer de certains objets. Mais bien loin de ce travers très incommodant, la plupart des gens « normaux » peinent à jeter et gardent plus qu'ils ne devraient certains objets parce que l'action d'« habiter » nécessite de s'entourer d'objets familiers. Une maison, c'est un miroir, celui de nos âmes, celui de notre passé. Vivre et habiter, en somme, cela revient à remplir la maison d'objets qui nous font exister.

Serge Trigoud, *Habiter : toute une histoire*, Ellipses, 2020

1. Premières observations

a. Les types de documents

Le corpus débute par un document littéraire : il fait le récit d'un personnage dans le contexte d'une histoire. Le deuxième document est un document de type « essai » qui présente des idées sur un sujet. On retrouve ainsi plusieurs idées illustrées par le premier document. Le troisième document présente un intérieur plutôt insignifiant a priori mais le quatrième document, à sa suite, donne du sens à la photo du document trois.

b. Le sujet du dossier

Il faut définir précisément le sujet du corpus proposé :

Ce dossier traite des liens affectifs qui nous lient à notre maison.

2. Analyse et reformulation du document 1

N°	
1	Les meubles de la maison rappellent des souvenirs
2	La maison = un accompagnement
3	La maison = un attachement à des objets familiers
4	Difficile de se défaire des objets familiers
5	Les objets familiers témoignent de notre passé.
6	Le mobilier de la maison suscite des émotions.

N°	
7	Le personnage se sent proche de certains objets.
8	L'enfance ressurgit avec certains objets.
9	Certains objets sont inconnus du personnage principal.
10	Certains objets semblent à l'abandon.

3. Analyse et reformulation du document 2

Remarque : à partir du deuxième document, on commence à chercher si des idées renvoient à celles qu'on a déjà identifiées dans le document précédent. On reporte éventuellement le numéro de ces idées dans la colonne « idées semblables ».

N°		Idées semblables
11	La maison = un cadre familier et intime	3
12	Maison = protection contre extérieur	
13	Maison = preuve que nous existons	5
14	Difficile de vider une maison	4
15	L'inventaire des objets révèle leur valeur	
16	À chaque habitant son usage de la maison	
17	La maison est le lieu des fonctions vitales	
18	Maison = enjeu d'hier ou aujourd'hui	

4. Document 3

N°		Idées semblables
19	Des objets sans vie Des objets laissés à l'abandon ?	10
20		
21	Objets domestiques : signes d'activité (piano, fauteuils)	17
22	Question sur la valeur de ces objets : ils semblent modestes	

5. Document 4

N°		Idées semblables
23	À quoi tient la valeur des objets domestiques ?	15
24	La valeur des objets dépend de l'attachement	
25	Cadre modeste : insignifiance supposée	19 + 20 + 10
26	La maison = ce que nous sommes et ce que nous faisons	16 + 21 + 17
27	La maison = ce que nous avons été	
28	La maison = notre enfance	8
29	On ne peut pas se défaire des objets familiers	4
30	Syllogomanie = attachement pathologique aux objets	
31	Habiter = s'entourer d'objets familiers	16 + 17

6. Recherche d'un plan

Une fois que les idées ont été analysées et reformulées, on essaie de les regrouper de façon cohérente. Pour rappel, le principe d'un « bon » plan est d'aller du plus évident vers le moins évident, le plus subtil.

Les plans types sont utiles pour nous conduire à faire ce choix. Voyons ce que l'on pourrait établir avec chacun d'entre eux.

a. Le plan thématique

Ce plan regroupe des catégories de faits ou de personnes. Ici, nous pourrions envisager cette répartition :

Dimension matérielle	Dimension affective	Dimension existentielle
La maison à travers les objets domestiques	L'attachement à la maison et à ses objets	La maison, témoin de nos activités et de notre passé
Tous les documents	Tous les documents	Doc 1, 2, 4

b. Le plan binaire

Ce plan met en parallèle deux aspects, deux dimensions opposées. Ici, cela pourrait donner :

Aspects négatifs	Aspects positifs

Remarque : Ce plan semble inadapté car les idées du dossier ne sont pas négatives.

c. Le plan analytique

Ce plan présente les constats, il analyse les causes (ou les origines) et ensuite les conséquences (ou les effets) :

Constats	Causes	Conséquences
a) La maison : un lieu marqué par l'attachement b) La maison : un lieu marqué par nos activités	a) La maison témoigne de ce que nous sommes et avons été. b) Habiter : s'entourer d'objets	a) On a du mal à se séparer des objets qui s'y trouvent. b) La valeur des objets domestiques est très subjective.

Remarque : ce plan semble adapté car il permet de traiter un grand nombre d'idées communes aux documents.

7. Choix du plan

Le plan analytique semble couvrir l'ensemble en permettant une confrontation complète des documents dans chaque partie.

Nous allons donc choisir ce plan, mais auparavant, nous devons en établir le détail au brouillon.

Remarque : Si l'on « zappe » cette étape du plan détaillé au brouillon, on court le risque de perdre des idées importantes ou bien des références précieuses.

I. Constats : La maison, un lieu à la fois et matériel et affectif
   a) La maison : un lieu matériel (tous les docs)
   b) La maison : un lieu affectif (documents 1, 2 et 4)

II. Causes : La maison, témoin de notre vie

   a) La maison témoigne de nos activités (tous les documents)

   b) La maison témoigne de notre enfance (documents 1 et 4)

III. Conséquences : attachement et valeur subjective

   a) Il est difficile de vider une maison (documents 1 et 4)
   b) La valeur de la maison est subjective (tous les documents)
   c) Habiter signifie s'entourer d'objets (documents 2 et 4)

Une fois que ce plan apparent est fait au brouillon, vous pouvez presque vous passer du corpus de documents car vous n'en avez plus besoin ; c'est, en effet, votre propre reformulation des idées que vous devrez utiliser pour rédiger votre synthèse.

8. La rédaction de la synthèse

a. Introduction

« Ce serait la maison du bonheur… » comme le chantait Francis Lalanne il y a quelques années. La maison est le thème central de ce corpus soumis à notre étude. Dans ce dossier se trouve un extrait du roman *Une Vie*, de Maupassant, publié en 1883, dans lequel un personnage examine des objets familiers pour vider sa maison. Pascaline Messager, dans un essai nommé *Au temps de nos maisons* paru en 2021, détaille les fonctions multiples que la maison incarne pour ses habitants. Une photographie intitulée « Intérieur de la maison Laffitte, en Louisiane, USA » représente un cadre domestique assez épuré avec quelques rares objets. Enfin, on trouve un extrait d'essai signé Serge Trigoud, intitulé *Habiter : toute une histoire*, publié en 2020. L'auteur y détaille les fonctions et les caractéristiques de la maison pour ses habitants. Alors, comment définir une maison et quels liens entretenons-nous avec elle ? Pour répondre à cette question, nous ferons d'abord quelques constats pour définir son rôle ; dans un deuxième temps, nous analyserons les raisons de notre attachement à ce lieu domestique ; dans une troisième partie, nous présenterons les conséquences de cet attachement au logis.

b. Développement

La maison est, tout d'abord, un lieu matériel. C'est un lieu fait d'objets que l'on peut toucher et manipuler, comme le signalent Maupassant et P. Messager. La photo confirme ce constat avec son mobilier. Trigoud, lui aussi, évoque le fait d'habiter une maison à travers les objets domestiques.

Par ailleurs, la maison est un lieu auquel on est attaché. L'habitation est remplie d'objets parfois sentimentaux, comme le montre Maupassant avec la déambulation de Jeanne dans la maison familiale qu'elle s'apprête à quitter. P. Messager, pour sa part, précise ce propos et expose que le sentiment d'être « chez-soi » est lié à l'intime et à la familiarité des lieux. S. Trigoud partage ce point de vue : selon lui, habiter un lieu revient à s'entourer d'objets auxquels on est attaché.

Ainsi, la maison est un lieu à la fois matériel et sentimental. Mais comment cela s'explique-t-il ?

La maison témoigne de nos vies. Elle témoigne ainsi, très précisément, de nos activités, comme le font le fauteuil et le piano sur la photo. De même, la jeune femme du roman de Maupassant évoque les activités des habitants de la maison autour des objets qui la composent. S. Trigoud confirme que la maison voit exister et agir ses habitants. P. Messager partage ce point de vue en précisant à ce sujet que chaque habitant de la maison peut avoir ses propres occupations.

Une autre raison importante de l'attachement au cadre domestique est que la maison rappelle l'enfance. Cette idée est bien présente dans le roman de Maupassant car Jeanne se replonge dans ses jeunes années en découvrant de vieux objets et de vieux jouets. S. Trigoud fait le même constat : pour lui, en effet, la maison témoigne de ce que nous avons été quand nous étions petits.

Ainsi, la maison représente ce que l'on est et ce que l'on vit. Quelles sont les conséquences de cet attachement à la maison ?

Parmi les conséquences de cet attachement à la maison figure la difficulté à se séparer de certains objets. Ainsi, le personnage de Maupassant éprouve des difficultés à jeter des objets alors qu'il doit justement vider la maison. Dans son texte, S. Trigoud confirme cette difficulté : d'après cet auteur, il est impossible de se défaire de certains objets.

Autre effet de cet attachement, la valeur des objets de la maison est très subjective. Ainsi, si les rares objets de la photo semblent sobres et sans éclat, Maupassant met en évidence l'émotion qu'ils suscitent malgré leur banalité. En effet, les objets renvoient au souvenir de leur propriétaire. De même, P. Messager signale que la valeur affective des objets se révèle quand ils sont examinés. S. Trigoud développe cette idée en affirmant que le lien affectif fait toute la valeur de la maison.

Enfin, habiter consiste à s'entourer d'objets familiers. Cette idée est mise en avant par P. Messager et S. Trigoud. Selon ces deux essayistes, le contenu d'une maison renvoie à l'existence de ses habitants. Habiter, selon S. Trigoud, revient à s'entourer d'objets, ce que confirme P. Messager.

c. Conclusion

En définitive, on retient de ce dossier que la maison est un lieu complexe : elle se définit autant par une dimension matérielle que par une dimension sentimentale. Les raisons en sont que la maison fait « corps » avec ses habitants, rendant les objets qui la composent quasiment inséparables de ses occupants.

MÉTHODOLOGIE DE L'ÉCRITURE PERSONNELLE

Fiche n° 1

Les 10 grands principes

	Les questions	Le détail
1	À quoi ressemble une « écriture personnelle » ?	Cela ressemble à une courte dissertation dans laquelle on doit donner son point de vue.
2	Combien de pages doit-on rédiger ?	Environ 2 pages.
3	Est-ce que je peux donner mon avis ?	Oui, c'est même attendu !
4	Est-ce qu'il faut donner des exemples ?	Oui, des exemples et des références tirées du corpus et de ses connaissances personnelles.
5	Quel genre d'exemples faut-il utiliser ?	Réponse dans les pages suivantes !
6	Sur combien de points est noté ce travail ?	Il est noté sur 20 points, il compte donc pour un tiers de la note.
7	Comment le correcteur évalue-t-il une copie ?	Réponse détaillée à la page suivante !
8	Combien de temps doit-on passer sur cette écriture personnelle ?	Entre une heure et une heure et demie.
9	Peut-on écrire en anglais ?	*No, I'm afraid you can't !*
10	Est-ce que le sujet est le même que celui de la synthèse ?	Il s'agit obligatoirement du même thème mais le sujet peut être un peu différent.

Fiche n° 2

Un exemple d'écriture personnelle sur le thème « Dans ma maison »

Sujet : « La maison est-elle toujours hospitalière ? »

« Cocooning », « Feng Shui », « Zen » ; ces trois formules ont émergé récemment dans le vocabulaire et attestent de l'importance accordée au bien-être domestique. Une galaxie de revues soutient cette aspiration en proposant des variations de couleurs et d'objets censés favoriser ce besoin fondamental : être bien dans ses pénates.

Mais la maison comble-t-elle toujours ce souhait ? Peut-elle vraiment satisfaire tous nos besoins ? Si la maison est synonyme d'hospitalité, nous verrons que ce n'est pas toujours le cas.

« Welcome home », « Bienvenue » annonce le paillasson au seuil de la maison. La maison se présente souvent dès l'entrée comme une entité amicale et accueillante. Les lois de l'hospitalité y sont d'emblée marquées à sa frontière. Surtout, ce petit objet pratique nous invite par ce message à oublier un extérieur parfois hostile. Quoi de plus naturel alors que d'aspirer à avoir un chez soi ? C'est toute la quête de Charlot dans <u>Les Temps modernes</u> (1936). On l'y voit occuper des maisons délabrées où l'on passe à travers les cloisons mais, loin de cette réalité, il rêve d'un foyer idéal avec son petit verger et même une vache pour se garantir du lait frais. Charlie Chaplin a rappelé avec insistance dans tous ces films la nécessité d'avoir un toit sur la tête.

À l'inverse, certaines maisons font le choix de l'inhospitalité.

« Attention, chien méchant ! » est un message explicitement hostile invitant à prendre ses précautions avant de franchir leur seuil. Ce message peut aussi être associé à un aboiement furieux. Dans <u>Killer Joe</u> du réalisateur américain William Friedkin, c'est ainsi les aboiements continus d'un doberman déchaîné qui signalent que les occupants du foyer (une caravane) sont sans doute des sociopathes. En effet, la caravane héberge une famille dysfonctionnelle qui prépare un mauvais coup tout en regardant des dessins animés.

Les maisons définissent parfois les intentions de leurs occupants dès leur seuil et traduisent le rapport au monde de ces derniers. Mais la maison peut aussi être très séductrice et s'avérer être un piège.

Les contes nous mettent en garde contre des dangers bien réels : sous un dehors avenant, la maison peut être un guet-apens. Hansel et Gretel, un conte recueilli par les frères Grimm invite expressément à se méfier de la maison qui se présente sous des atours trop tentants. Dans ce conte, les deux enfants découvrent un cabanon au fond de la forêt. Ce cabanon magique est fait de pain, de gâteaux et de sucre : de quoi rassasier les enfants affamés. Mais ils apprennent à leurs dépens qu'il est occupé par une sorcière cannibale. Moins rusés, ils auraient fini dans le four où elle prévoyait de les faire rôtir !

De même, dans La barbe bleue de Charles Perrault, l'épouse laissée seule dans le gigantesque château promet à son époux de ne pas ouvrir la porte d'un petit cabinet. Désobéissant à la Barbe bleue, elle s'y rend et y découvre le cadavre de ses épouses précédentes. Ce conte met en évidence une forte ambivalence de la maison parfois détentrice de secrets monstrueux. Les connaître permet d'échapper à un destin funeste. Il faut cependant être en mesure d'en percer le secret et bénéficier d'une aide extérieure. La réalité est bien plus dramatique et le cas parmi tant d'autres du calvaire de Marina Sabatier, évoqué dans *La Maladroite*, un roman d'Alexandre Seurat paru en 2015 montre bien que parfois, les occupants de la maison sont des êtres monstrueux. Pour brouiller les pistes, la famille déménageait régulièrement.

En conclusion, la maison incarne un idéal de tranquillité dans l'espace délimité de ses murs. Cependant, tour à tour séductrice ou hostile, elle est aussi un espace ambivalent, reflet de la personnalité de ses occupants, pour le meilleur, ou pour le pire.

Fiche n° 3

Un exemple d'écriture personnelle sur le thème « De la musique avant toute chose ? »

Sujet : « Selon vous, la musique est-elle faite pour être partagée ? »

Au creux de notre oreille ou scandée sur le pavé à l'unisson, la musique revêt des aspects tantôt collectifs, tantôt individuels. Est-elle faite pour être partagée ? Dans le développement qui suit, on verra que si la musique est faite pour être partagée, elle peut aussi se ranger du côté des stratégies individuelles.

La musique a certainement un caractère collectif très affirmé. Cela se constate dans tous les grands rassemblements : les matches de football, par exemple, lors desquels les supporters scandent l'hymne de leur équipe. La musique soude les supporters entre eux : elle aide à constituer le groupe.

Second point, toujours collectivement, la musique rassemble le public autour de mots d'ordre, de convictions ou de croyances. On le voit lors des manifestations. Ainsi, certains rassemblements politiques s'appuient sur des chansons scandées collectivement. Par exemple, la chanson « Motivés » de Zebda provient du texte de Joseph Kessel et Maurice Druon écrite en 1943, durant la Seconde Guerre mondiale. La musique peut donc incarner un appel au courage et au rassemblement.

Mais la musique ne se résume pas à ce type d'appel collectif; elle peut être une pratique individuelle.

La musique peut nous isoler ou constituer un refuge. Le musicien Steven Wilson aborde souvent cette solitude dans ses disques : affirmant que la solitude est incomprise, il évoque des individus mal dans leur peau ou les blessés de la vie. Le public de l'artiste s'identifie à ces personnages et trouve refuge dans la musique.

Autre dimension individuelle de la musique : celle que l'on écoute en opposition aux autres. C'est le sens du mouvement punk ou du mouvement rock : rompre avec la tradition des aînés, de manière à affirmer sa propre génération. Dans les années 1970, quand Michel Fugain et son Big Bazar scandaient « Attention, Mesdames et

Messieurs », ils affirmaient joyeusement leur raison en s'adressant à la génération des anciens. Quand le groupe punk Les Cadavres chantait « Né pour crever » en 1993, c'était pour affirmer haut et fort le désarroi d'une génération face à celle de ses aînés.

En définitive, la musique revêt aussi bien une dimension collective qu'individuelle. Elle nous rassemble comme elle nous donne l'opportunité de nous opposer les uns aux autres. Dans tous les cas, elle permet de véhiculer un message fort et vindicatif. Ce qui semble propre à la chanson peut-il aussi bien l'être pour la musique instrumentale ?

Fiche n° 4

Analyser son sujet d'écriture personnelle

Voilà une étape importante à laquelle vous pouvez consacrer une bonne dizaine de minutes. La grille ci-dessous doit vous aider à trouver des pistes de réflexion et des arguments pour constituer les paragraphes et les parties de votre développement :

a. Grille d'analyse de sujet

Qui ?	Quoi ?	Quand ?	Où ?	Pourquoi ?	Comment ?

b. Un exemple d'analyse de sujet

Sujet : L'expérience du confinement va-t-elle modifier notre relation à l'habitat ?

Cette grille permet de creuser le sujet dans différentes perspectives. On cherche d'abord les acteurs concernés par le sujet (qui ?). Nous essayons ensuite de problématiser le sujet à travers la question « quoi ? ». Le pronom interrogatif « quand » permet de placer la question dans son contexte historique, de la situer dans une période. « Où ? » nous conduit à envisager des lieux et « comment ? » oriente la question initiale vers une résolution pratique ou une explication.

Qui ?	Des habitants des villes…	veulent quitter les grands ensembles urbains.
	Des urbanistes	réfléchissent à une nouvelle organisation de la ville et de ses communs, de ses espaces partagés.
	Des collectifs	investissent des ZAD (zone aménagement à défendre), fondent des communautés autarciques.

Quoi ?	L'habitat est un révélateur des disparités sociales	Vivre dans un appartement ou vivre dans une maison, ce n'est pas la même chose. Le confinement a révélé de fortes disparités en termes de logement.
	Une remise en question de l'habitat et donc de nos modes de vie	Le confinement a eu pour effet de révéler un mode de vie peu naturel notamment pour ceux qui logent dans un appartement en ville.
Quand ?	Question d'actualité	Cette question est directement liée à la crise sanitaire
Où ?	Quels sont les lieux bénéficiant d'un regain d'intérêt ? Où fait-il bon vivre ?	De nombreuses demandes concernent le pavillon, la périphérie des villes ou encore des hameaux. Le rapport avec la nature, où qu'elle soit, est privilégié.
Pourquoi ?	Pourquoi aspirer un autre habitat ?	La promiscuité, la sensation d'enfermement, l'absence de contacts avec la nature se sont révélés difficiles pour certains.
	Pourquoi vouloir quitter son logement ?	La remise en cause de nos modes de vie est liée aux limites des possibilités d'épanouissement en ville, au besoin de place.
Comment ?	Comment faire pour changer de vie ?	Changer d'habitat implique de changer de vie. Ce n'est pas forcément possible pour tous car nous sommes majoritairement dépendants de l'activité économique.

Un bilan sur cette recherche :

Nous avons utilisé chacune des pistes de la grille pour chercher un des idées et développer le sujet. Il est évident qu'avec un objectif de deux pages, on ne pourra pas tout traiter. Il faudra donc choisir les éléments qui sont les plus intéressants, ceux que l'on pourra illustrer avec des exemples et des références et laisser d'autres pistes de côté.

À ce stade, une fois qu'on a trouvé suffisamment de pistes de réflexion, il est difficile mais indispensable de se rappeler que nos objectifs sont assez modestes (2 pages, environ deux ou trois paragraphes par partie) !

Fiche n° 5

Chercher des exemples pour l'écriture personnelle

L'écriture personnelle implique de trouver des exemples pour appuyer son argumentation. Quels types d'exemples peut-on utiliser ?

Sur le thème « Dans ma maison » Sujet : « La maison ne reflète-t-elle pas une grande variété de modes de vie ? »	
Types d'exemples	**Commentaires**
Un fait d'actualité	Ex. 99 % des Parisiens vivent dans des appartements.
Phénomène de société, tendance sociale	Ex. Les Français aspirent majoritairement à vivre dans une maison individuelle.
Référence culturelle	Films sur la maison *Mon oncle*, Jacques Tati, *Truman Show*, Peter Weir

Fiche n° 6

Les références en 7 questions essentielles

	Questions	Réponses
1	Est-ce qu'il faut utiliser les références du corpus ?	Oui, cela peut montrer que vous avez compris le sens des documents et que vous êtes capable de les réutiliser.
2	Quel genre de référence peut-on utiliser ?	Des références tirées de la littérature, du cinéma, de la peinture mais aussi de la BD, de séries TV.
3	Est-ce qu'il faut beaucoup développer ?	Développez juste ce qu'il faut pour que le lien entre votre idée et la référence soit compréhensible.
4	Est-ce qu'il faut varier les références ?	Si vous pouvez, faites-le, cette diversité valorisera votre copie.
5	Quelles références plairont à mon lecteur ?	Deux choses : d'abord, la pertinence de votre référence, le fait qu'elle joue bien son rôle. Ensuite, pensez que votre lecteur est un enseignant de français, à ce titre, il ne lit que des auteurs morts et il ne connaît du cinéma que Woody Allen et Ingmar Bergman[1].
6	Qu'est-ce qu'une « bonne » référence ?	C'est une référence que vous maîtrisez et qui a un lien avec votre idée. Si vous le pouvez, privilégiez une référence « classique » mais vous pouvez réussir une brillante analyse d'un film populaire. Le statut « classique » ou « populaire » de votre référence importe moins que la pertinence de votre analyse.
7	Qu'est-ce qui risque de déplaire à mon lecteur ?	Dans l'ordre : une référence inventée de toutes pièces ; pas de référence du tout ; une référence sans lien avec l'idée exposée.

1. *Nous remercions nos collègues de bien vouloir nous pardonner ce trait d'autodérision ! (N.D.L.R.).*

Fiche n° 7

Donner son point de vue dans l'écriture personnelle

Contrairement à la synthèse de documents qui est strictement objective, le sujet d'écriture personnelle, comme son nom l'indique, sollicite l'expression du point de vue du rédacteur.

a. Comment donner son point de vue ?

« Je », « nous », « on » : à quelle personne écrire ?

Le « je »

Utilisez les expressions appropriées du registre écrit : « pour ma part » ; « en ce qui me concerne » ; « d'après moi » ; « j'estime que » ; « je pense que » ; « j'estime anormal que » ; « j'approuve l'idée selon laquelle », etc.

Attention toutefois car on peut difficilement formuler une opinion sur une vérité générale ou un fait attesté.
Ex. « Je pense que la société française est vieillissante » est une phrase fautive. Mais « Avec X % de seniors, la société française est vieillissante. Pour ma part, je trouve que ce facteur n'est pas assez pris en compte dans les politiques du logement » est une formulation correcte.

Le « nous »

Ce « nous » dit de modestie, très courant dans les écrits, permet d'associer lecteur et rédacteur.
Ex. « nous aspirons tous au confort ».
Ex. « nos maisons croulent sous les objets ».

Le « on »

Comme le « nous », ce « on » peut permettre d'associer le lecteur à votre réflexion.
Ex. « On sait que chacun aspire à une maison ».

Placé stratégiquement, il permet aussi de réfuter une idée adverse.
Ex. « On prétend que… », ou « certains croient, estiment que… ».
Il sera alors suivi de « pour ma part… »

b. Faut-il donner son avis tout au long de sa copie ?

Non, mais de temps en temps.

c. Et si on n'a pas d'avis sur la question qui nous est posée ?

Vous pouvez très bien expliquer que vous êtes partagé(e) sur la question et qu'à ce titre, il vous semble difficile de trancher.

d. Certains points de vue sont-ils pénalisants ?

Oui, des points de vue extrêmes, injurieux ou blasphématoires sont à éviter absolument. L'expression d'un point de vue n'est pas le prétexte à un défouloir verbal.

e. Et si mon évaluateur n'est pas d'accord avec moi ?

Votre lecteur ne vous évalue pas sur votre point de vue mais sur votre capacité à argumenter vos idées, ce qui n'est pas pareil. En fin lecteur de Voltaire, votre évaluateur a pour précepte élémentaire : « *Je ne partage pas vos idées mais je me battrai jusqu'à la mort pour que vous puissiez exprimer les vôtres* ».

Fiche n° 8

Introduire et conclure l'écriture personnelle

« La maison individuelle est-elle vraiment un modèle pérenne ? »

a. L'introduction

	Les parties de l'introduction	Commentaires
1	Une accroche ou « amorce », donc une phrase générale qui introduit le sujet : « Quoi de mieux que d'avoir une maison à soi ? ».	Elle est facultative, si vous en avez une, c'est très bien, sinon, passez à la partie suivante.
2	La reformulation du sujet : vous devez exprimer le sujet avec d'autres termes. « Le confinement a affirmé une préférence pour la maison individuelle. »	Essayez de mettre en avant les paradoxes, les contradictions, les choix à faire, bref, l'intérêt du sujet !
3	La problématique : « Le rêve d'une maison à soi est-il compatible avec le phénomène d'urbanisation du monde ? »	C'est la question générale qui est posée dans le sujet.
4	L'annonce de plan : « Pour répondre à cette question, nous évoquerons deux perspectives : celle d'un habitat calqué sur le modèle occidental se développant aux quatre coins du monde, puis les alternatives et résistances à ce type d'habitats. »	Vous pouvez la formuler de façon explicite ou bien de façon implicite.

b. La conclusion

Elle récapitule les grandes idées qui ont été développées ; elle peut très bien pencher d'un certain côté de la « balance ». La conclusion doit impérativement contenir un connecteur logique signalant que l'on conclut (ou une expression équivalente) : « ainsi » ; « en résumé » ; « à l'issue de cette étude » ; « comme on vient de l'étudier » ; « pour conclure » ; « en conclusion », etc.

De plus, votre conclusion peut « ouvrir », à la fin, sur un sujet plus large ou encore des prospectives :

« *En définitive, notre monde semble gagné par le phénomène d'occidentalisation mais des initiatives émergent en faveur d'autres formes d'habitat, plus proches de la nature et impliquant d'autres modes d'organisation sociaux. La crise sanitaire aura-t-elle des effets au long terme sur nos façons d'habiter le monde ?* ».

Fiche n° 9

Comment se préparer sur le long terme ?

Vous l'avez compris, réussir un sujet d'écriture personnelle ne s'improvise pas ; mais vous avez deux ans pour vous entraîner. Voici quelques pistes utiles pour vous préparer utilement sur le long terme.

a. Fiches de lecture

Vous avez deux thématiques au programme ; choisissez de faire une douzaine de fiches de lecture par thématique en variant les sujets. Par exemple, deux fiches sur l'évolution de l'habitation sociale, une ou deux sur la musique traditionnelle, etc. La grille ci-dessous peut vous être utile pour retenir l'essentiel :

Références	Résumé	Citation	Point de vue de l'auteur	Lien avec le thème

b. Fiches de films

Sur le même principe que les fiches de lecture, choisissez de faire une bonne dizaine de fiches films sur vos thématiques au programme. Vous pouvez réutiliser la grille des fiches de lecture en changeant « citation » par « scène clé ».

c. Fiches de citations

Utiles pour vos amorces de synthèses et pour vos textes d'écriture personnelle, les citations permettent d'exprimer en peu de mots une idée forte. Là encore, apprendre quelques citations sur vos thématiques peut s'avérer fort efficace le jour de l'examen !

d. Conseils pour un super candidat

Un super candidat est celui qui planifie son travail sur le long terme et qui se fixe des objectifs de progression par étapes !

Fiche n° 10

Fiche mémo sur l'écriture personnelle

Quelques conseils utiles pour se préparer efficacement :

	Conseils
1	Donnez votre point de vue sur une idée ; le pronom « je » est bien sûr autorisé.
2	Utilisez des références du corpus.
3	Appuyez-vous sur des références personnelles, films, tableaux et livres étudiés en classe ou en autonomie.
4	Choisissez de préférence des références « classiques ».
5	Sachez que les références d'œuvres « populaires » sont appréciées quand elles sont bien analysées.
6	Garantissez à votre texte une bonne lisibilité, soignez votre écriture.
7	Structurez clairement votre texte.
8	Sautez des lignes entre les parties.
9	Prenez le temps de bien analyser le sujet.
10	Entraînez-vous à travailler en temps limité.
11	Relisez-vous pour corriger l'orthographe et la grammaire ; pour vérifier les majuscules et la ponctuation.
12	Prenez le temps de vous préparer sur les deux années en constituant des fiches.
13	Prenez le temps de progresser petit à petit. N'oubliez pas que c'est vous le plus grand le plus beau le plus fort (mettez tout cela au féminin si nécessaire !).

Un sujet d'écriture personnel étape par étape

Étape 1. Analyse du sujet

« Nos maisons ne sont-elles pas envahies d'objets ? »

	Grille d'analyse	Pistes, idées…
1	Qui ?	Les consommateurs Les collectionneurs Les accumulateurs Les penseurs de l'objet
2	Quand ?	Des Trente Glorieuses à 2021 : 76 ans de production continue d'objets.
3	Quoi ?	On possède des objets utiles et des objets superflus.
4	Où ?	Dans les pays développés, les objets se trouvent partout dans la maison, ils sont en surnombre.
5	Pourquoi ?	Pulsion d'achat – consumérisme mais aussi attachement à l'objet. L'objet raconte une histoire.
6	Comment ?	Peut-on se débarrasser des objets ? Peut-on envisager de vivre sans objets ?

Étape 2. Approfondissement du sujet

1	Envahissement : terme négatif révélant une colonisation des objets dans l'espace domestique. Comment en est-on arrivé là ?
2	Cette colonisation peut s'expliquer par des stratégies publicitaires habiles : nous sommes des consommateurs, vivant dans une ère de production de masse.
3	Se débarrasser des objets implique de s'engager dans un autre mode de vie.

Étape 3. Recherche de références

En situation d'examen, la question d'écriture personnelle découle du dossier de synthèse et on s'appuie donc sur un ou des auteurs pour l'argumentation. Ici, nous nous servirons des références proposées dans les chapitres, les focus et notre « culture personnelle ».

1	*Une vie*, Maupassant	Nous entretenons une relation affective avec les objets mais elle est douloureuse.
2	*Fight Club*, David Fincher	Il y aurait une injonction sociale à montrer sa réussite à travers les objets que nous possédons.
3	*Mon oncle*, Jacques Tati	Avec les Trente glorieuses, la domotique et la technologie ont envahi les maisons.
4	*La complainte du progrès*, Boris Vian	La société de consommation promet du bonheur à travers la possession d'objets.
5	Le philosophe Diogène et l'école des cyniques	Posséder le moins possible, à l'image de Diogène.
6	L'association « Toits Alternatifs »	Apprendre à vivre avec le strict nécessaire dans des habitats alternatifs.

Étape 4. Recherche d'un plan

Constats

I. Nous entretenons une relation ambivalente avec les objets

a) Sources de souvenirs parfois douloureux, symboles du passé (*Une vie*, Maupassant)

b) Reflets d'une injonction à la réussite sociale (*Fight Club*, David Fincher)

Causes

II. Les objets ont pris une place sans cesse croissante au cours des Trente Glorieuses

a) Nous sommes dépendants des technologies (*Mon Oncle*, Jacques Tati)

b) Nous sommes étourdis par la production de masse (*La Complainte du progrès*, Boris Vian)

Solutions

III. Apprendre à se passer des objets, à limiter leur présence

a) Dans l'Antiquité : le philosophe Diogène et son refus de posséder.

b) Aujourd'hui : l'association les « Toits alternatifs » et l'engagement écologiste.

Étape 5. Introduction et conclusion

1. Introduction

1	Accroche	*Il est difficile de faire le compte des objets que recèlent nos maisons.*
2	Reformulation du sujet	*Nous en avons beaucoup, et sans doute beaucoup trop.*
3	Problématique	*Alors, est-il l'heure de faire le tri dans ces vastes possessions ?*
4	Annonce du plan	*Après avoir mis en évidence une certaine ambivalence dans notre relation aux objets, je montrerai que notre lien à ces derniers est globalement conditionné. J'envisagerai en dernier lieu quelques solutions à cette invasion de l'objet.*

2. Conclusion

1	Résumé de la partie 1	*En définitive, la relation à l'objet est un poids. Sa présence nous attache au passé et souvent, nous le choisissons pour faire comme les autres.*
2	Résumé de la partie 2	*Par ailleurs, s'il symbolise l'accomplissement social, c'est un leurre entretenu par des stratégies publicitaires.*
3	Résumé de la partie 3	*Philosophes et militants écologistes optent pour des solutions radicales consistant à les réduire en nombre, voire à ne plus en posséder.*
4	Ouverture	*Se débarrasser des objets permet-il cependant de vivre avec son temps et avec les autres ?*

Étape 6. Rédaction du développement

Une relation intime, marquée par l'affectivité se noue à notre insu avec les objets. Dans la maison natale qu'elle s'apprête à quitter, Jeanne, le personnage principal d'*Une vie*, un roman de Maupassant, redécouvre les mille et un objets de son histoire familiale. Alors qu'elle doit faire face à l'épreuve d'un déménagement dans une petite maison, le choix des objets à laisser ou à emporter relève du dilemme. En effet, en réveillant des souvenirs enfouis, les objets sont les déclencheurs du chagrin.

Par ailleurs, certains objets nous laissent indifférents mais nous aspirons à les posséder, par conformisme. C'est le cas de Tyler Durden, personnage principal de *Fight Club*, un film de David Fincher. Dans une scène emblématique, cet homme désabusé consulte le catalogue Ikea et fait l'inventaire des meubles et objets standardisés de son appartement. S'il a plus d'objets que nécessaire, Tyler n'en est pas moins profondément déprimé. Ainsi, le film montre que les objets n'ont pas le pouvoir de nous rendre heureux, une idée pourtant entretenue par les marques.

Ainsi, les objets sont sources de désillusion et véhiculent des souvenirs encombrants. Comment ont-ils pris une telle place dans nos existences ?

Les objets ont pris une place croissante dans nos maisons au cours des Trente Glorieuses avec l'avènement de la production de masse. C'est ce que montre Jacques Tati dans son film *Mon oncle* sorti en 1958. Il y souligne déjà de manière humoristique notre aliénation à un confort dépendant de la technologie. Le pavillon ultramoderne que l'on y découvre est colonisé d'objets dont le mode d'emploi est absurde. En 1956, Boris Vian, avec sa chanson *La complainte du progrès* dénonçait lui aussi avec drôlerie notre dépendance à des objets tous plus inutiles les uns que les autres. Entre « des draps qui chauffent » et un « pistolet à gaufres », on comprend mieux que nos intérieurs saturent d'objets.

Comme on le voit à travers ces exemples, notre attachement à l'objet est entretenu par des stratégies publicitaires très actives depuis les années 1950. Des solutions à cette invasion de l'objet existent-elles ?

Dans l'Antiquité grecque, le philosophe Diogène avait déjà fait la part des choses, et ce de manière radicale. Renoncer à toute forme de possession, telle était la solution privilégiée par ce penseur, qui, passant à l'acte, s'était débarrassé de tous ses biens. L'Histoire retient qu'il vivait dans un tonneau, vêtu de haillons. Cette dépossession volontaire illustre une volonté de sobriété et d'autarcie. Aujourd'hui, le vœu de rompre avec un mode de vie dominé par la consommation se retrouve dans le discours écologiste et à travers le mouvement « Slow » prônant la décroissance. A l'image des « Toits alternatifs », une association qui tente de promouvoir l'habitat léger dans des constructions respectueuses de l'environnement, la relation aux objets est remise en question. Superflus et polluants, la plupart n'exaucent pas leur promesse de nous rendre heureux.

Sujets et annales corrigées

Sujet 2021

« Mais dépêche-toi un peu on va rater le train ! ». Il est vrai que les trains n'attendent pas les retardataires, les avions non plus d'ailleurs. En un siècle, nos déplacements se sont considérablement accélérés et la société entière, à l'image des machines au service de la vitesse, semble elle aussi être à la course. La vitesse est-elle est un tyran ? Après avoir formé un ensemble de constats sur l'accélération, nous examinerons ses effets puis nous évoquerons les solutions proposées par les auteurs pour ne pas être réduit en esclavage par la vitesse.

En premier lieu, force est de constater que si nous allons de plus en plus vite, nous en sommes redevables aux technologies. Cela s'illustre avant tout par les moyens de transports ; train, moto, avion. En 1928, dans un chapitre intitulé « Vitesse » extrait de son essai Propos sur le bonheur, le philosophe Alain s'intéressait au gain de temps permis par le « train rapide » dont les nouvelles locomotives, silencieuses et dotées de rouages fins, illustraient le génie technologique de l'ère industrielle. Près d'un siècle plus tard, ce train rapide est battu à plate couture par le TGV. L'affiche SNCF réalisée en 2017 pour le lancement du train à grande vitesse reliant Paris à Bordeaux en 2 h 04 encense elle aussi la vitesse gagnée grâce à la technologie. De même, si l'image publicitaire montre un passager tranquillement assis un livre ouvert devant lui, ce voyageur est doté du casque d'un pilote d'avion de chasse. Tout en insistant sur les performances inédites du TGV, ce montage photographique rend hommage aux technologies et à l'accélération qu'elles permettent.

Accélérer est aussi un plaisir, c'est ce qui ressort du personnage d'Anton, le motard de Carénage, un roman de Sylvain Coher paru en 2011. Ce personnage joue la course contre la montre et ne tarit pas d'éloge sur la subtile mécanique de sa moto, une prouesse technologique permettant avant tout l'accélération. En dehors des motards, même les piétons accélèrent. Ils marchent à toute allure dans les villes. C'est ce que pointent des membres du congrès de la « Société pour la décélération du temps » dont l'action fait l'objet d'un compte rendu du journaliste Christophe Rymarski paru en 2012 dans la revue Sciences humaines sous le titre « Ralentir, vite ».

Le phénomène d'accélération se vérifie partout. Mais la vitesse satisfait-elle de vrais besoins ?

Tout d'abord, Alain relevait au siècle dernier une contradiction majeure : alors que chacun se sent obligé de se presser, tout le monde admet de perdre du temps en futilités. Ainsi, accélérer pour gagner un quart d'heure n'est pas, pour le philosophe, une finalité positive mais une contradiction. La « Société pour la décélération du temps » relève d'ailleurs que le temps gagné grâce aux technologies est investi dans des activités toujours plus nombreuses et souvent inutiles. Croyant être maitre du temps, l'individu est en réalité obsédé par celui-ci. Le temps libéré par les technologies n'est pas bénéfique et conduit à en faire toujours plus au niveau individuel.

La vitesse est en outre idolâtrée. Selon la « Société pour la décélération du temps » cette idolâtrie s'incarne à travers la montre, objet fétiche déjà moqué dans Les Voyages de Gulliver de Jonathan Swift. La publicité pour le TGV illustre elle aussi bien l'importance d'une mesure à la minute près. En annonçant en grosses lettres le temps record de 2 h 04 pour aller de Paris-Bordeaux, elle confirme une fascination pour la maîtrise du temps. Quant au motard du roman de S. Coher, émerveillé par son compte-tour, il cherche à atteindre une vitesse dont les conséquences pourraient être funestes.

Par ailleurs, tandis que le passager du TGV se prend pour le pilote d'un Mirage, Anton, le motard, se dédouble. La référence à Docteur Jekyll et Mister Hyde montre bien l'ambivalence de la vitesse. Ainsi, la vitesse fascine, nos sociétés lui vouent un culte qui révèlent différentes contradictions, la principale étant que nous sommes asservis par la montre alors que nous croyons maîtriser le temps.

Malgré le constat d'une complète aliénation au phénomène d'accélération, y a-t-il des solutions à cette injonction à aller toujours plus vite ?

« Développement durable », telle est la solution envisageable. La « Société pour la décélération du temps » se fait l'écho d'un mouvement prenant de l'ampleur à l'échelle mondiale : le « Slow ». Ce mouvement prône le développement durable et milite de diverses manières pour valoriser la décélération en montrant que l'accélération a non seulement des conséquences dangereuses pour l'individu mais aussi potentiellement funestes pour l'ensemble de la société. Moins catégorique, J. Coher estime que l'on peut aussi dompter la griserie provoquée par l'accélération en alternant vitesse et lenteur. Mettant en garde contre un amour excessif de la vitesse, le romancier invite à la prudence.

Enfin, aller lentement et savourer le temps du voyage et la beauté des paysages, telle est la solution proposée par le philosophe Alain qui s'ébahit en outre du confort des trains, autre source de plaisir. A travers le livre qui accompagne le passager, la SNCF n'invite pas à contempler le paysage, il est d'ailleurs invisible. L'affiche invite à tirer profit du temps du voyage pour se plonger dans une histoire, peut-être celle d'un pilote de Mirage.

Ainsi, la technologie a ouvert la voie à la vitesse et impose une accélération de la société entière. Ce phénomène se vérifie tant dans les moyens de locomotion que dans les actions individuelles. La vitesse est ambivalente et il faut savoir composer avec ce phénomène qui apparaît tour à tour comme un bénéfice ou une aliénation.

Écriture personnelle

Selon vous, gagne-t-on vraiment à accélérer ?

« *Chi va piano va sano et lontano* ». Ce dicton italien bien connu met en parallèle prudence et lenteur. En France, on peut entendre « *Qui veut voyager loin ménage sa monture* » et au Maroc on met en garde les agités en leur disant « *Homme pressé, homme mort* »… Les dictons rappelant les bénéfices de la lenteur sont nombreux. Pourtant, nous vivons en accéléré et le temps semble exercer une pression constante : il « file », il « passe trop vite », il est de « l'argent ». Si les injonctions à le rentabiliser, à le maîtriser ou à en tirer partie ou profit sont nombreuses, des voix s'élèvent, depuis longtemps, en faveur de la lenteur.

Après une année de confinement et l'obligation du repli chez soi, notre rapport au temps et en particulier à la vitesse fait l'objet d'un examen inédit, comme l'est l'épisode historique du Covid 19. Cependant, ces questions ne sont pas nouvelles. Ainsi, dans l'Antiquité, on considérait que l'agitation était le fait des "fous" et ceux qui s'agitaient en tous sens étaient appelés "insanus". Le philosophe grec Diogène, réputé pour sa moquerie du genre humain et son insoumission aux lois, comparait l'humanité à une fourmilière grouillante, perdant son temps à s'agiter vainement pour faire commerce.

Au XVIIIe siècle, Montesquieu épinglait lui aussi l'agitation des Parisiens. Dans Les Lettres persanes, il faisait dire à Uzbek et Rica : « Nous sommes à Paris depuis un mois, et nous avons toujours été dans un mouvement continuel. » D'ailleurs, avec l'ère industrielle, les critiques de ce phénomène d'accélération s'incarnent au cinéma. En 1936, *Les Temps modernes* de Charlie Chaplin proposait une critique acerbe du travail à la chaîne, aliénant et abrutissant. Les cadences de travail sont « infernales » et l'ouvrier est esclave de la machine. La « Société pour la décélération du temps » dont l'action fait l'objet d'un compte rendu du journaliste Christophe Rymarski paru en 2012 dans la revue Sciences humaines sous le titre « Ralentir, vite » fait écho au film de Chaplin. En effet, de même que les ouvriers sont soumis à l'injonction d'aller toujours plus vite, les piétons pressent le pas même quand ils n'ont aucune raison de le faire. Ainsi, l'accélération est une sorte de conditionnement liée à des innovations technologiques.

Le remède à l'accélération est la tranquillité. La marche, la contemplation voire l'immobilité sont donc largement plébiscités.

Décélérer est un acte de résistance passive dans une société où la vitesse s'impose à tous les niveaux sociaux et professionnels. C'est ce que montre *Alexandre le bienheureux*, personnage principal d'un film d'Yves Robert. En effet, après des années de soumission à un travail infernal et à une épouse tyrannique, Alexandre décide de tout arrêter pour rester dans son lit et paresser en savourant la tranquillité de la vie. On peut rappeler que « ne rien faire » peut se traduire « *farniente* » en italien. La formule renvoie à un état « d'heureuse inaction », de « douce oisiveté » et s'oppose à la paresse, considérée comme un défaut. Le film met en évidence le caractère absurde du travail et montre que « tout le malheur des hommes viennent de ce qu'ils ne savent pas rester dans leur lit » à travers un personnage qui assume pleinement son indolence et sa léthargie.

Autre solution, la marche. Jacques Lacarrière en fait l'éloge dans « Chemin faisant » racontant sa traversée de la France en suivant des petits chemins. À l'époque où le livre paraît (1973), la marche n'est pas considérée comme un loisir très noble mais comme le fait du malchanceux qui n'a pas pu s'offrir une voiture. À la faveur d'un regain d'intérêt pour cette pratique douce rapprochant l'homme de la nature, ce livre s'est aujourd'hui imposé comme un classique.

Enfin, la contemplation est aussi une solution à notre problème d'accélération. C'est ce que préconise le philosophe Alain dans Propos sur le bonheur, un essai paru en 1928. Regarder le paysage et se laisser porter par ce spectacle devrait suffire au passager d'un train.

Pour conclure, je crois que nos sociétés, du fait des technologies, compressent trop le temps à l'échelle de l'individu. Décélérer voire s'arrêter, ne pas mener d'activités productives ou à caractère rentable est donc nécessaire. J'espère que l'expérience du confinement va faire naître un rapport moins brutal au temps.

Sujet 2019

1. Synthèse de documents

Sous l'effet du numérique, notre société a changé en profondeur. Parmi ces changements, l'essor du mode collaboratif est notable. C'est le sujet proposé par l'ensemble des documents soumis à notre étude. Emilie Daudey et Sandra Hoibian se penchent sur les nouvelles modalités collaboratives et en font un bilan mitigé, dans un article intitulé « La Société collaborative, mythe et réalité », paru dans la revue *Credoc, Cahier de recherches n° 313*, en décembre 2014. Emmanuelle Andreani-Facchin et Antoine Mestres s'intéressent plus particulièrement au travail collaboratif, dans un article publié dans la revue *Society* en juillet 2018. Les deux auteurs détaillent les aspects positifs et négatifs de ces nouvelles façons de travailler. Un troisième document anachronique signé Jean Giono, intitulé *Lettres aux paysans sur la pauvreté et la paix*, paru en 1938, brosse le portrait du père de l'auteur et évoque la mutation du travail de l'artisanat au travail à l'usine. Enfin, un dernier document complète le dossier ; il s'agit d'un dessin de presse signé Rémi Malingrey, publié dans *Libération* en décembre 2014. Le dessinateur illustre avec humour les joies et les déboires du covoiturage. Faut-il considérer ces nouvelles formes collaboratives comme un progrès indiscutable ? Pour répondre à cette question, nous établirons une série de constats autour de ce « tout collaboratif », puis nous analyserons les raisons de son expansion, et, enfin, nous en ferons un bilan.

Ce dossier est consacré à la progression des modes de vie collaboratifs. Ces nouvelles façons touchent des domaines très variés. Tout d'abord, cela concerne l'ensemble de nos pratiques sociales. E. Daudey et S. Hoibian détaillent l'ensemble de ces activités concernées par le collaboratif : colocation, économie, etc. Les deux auteurs mentionnent également le covoiturage, illustré par Rémi Malingrey dans son dessin humoristique.

Second constat, l'essor du collaboratif impacte beaucoup les formes du travail. Certes, J. Giono mentionne que ce phénomène était déjà apparu dans la transition de l'artisanat au travail en usine ; mais plus récemment, les travailleurs indépendants de la société numérique se sont lancés dans des espaces de travail collaboratif, selon E. Andreani-Facchin et A. Mestres. E. Daudey et S. Hoibian confirment l'engouement d'une nouvelle génération pour ces espaces collectifs.

Nous venons de faire le constat d'un vrai succès du « tout collaboratif »; comment expliquer son expansion ?

Trois types de raisons expliquent le succès du « tout collaboratif ». La première raison est que le « collaboratif » renforce le lien social. E. Andreani-Facchin, A. Mestres et E. Daudey et S. Hoibian sont tous d'accord sur ce point. R. Malingrey confirme ce point de vue, avec humour : le collaboratif rapproche les gens les uns des autres.

Seconde raison importante : en période de crise, le collaboratif permet de faire des économies. Cette caractéristique était déjà de mise dans la transition de l'artisanat au travail d'usine, selon J. Giono. E. Andreani-Facchin, A. Mestres et E. Daudey et S. Hoibian soulignent également que cet aspect économique est plébiscité par la nouvelle génération.

Enfin, le collaboratif suppose des valeurs de partage, d'entraide et de solidarité. E. Daudey et S. Hoibian développent, graphique à l'appui, l'importance de ce point. A. Andreani-Facchin et A. Mestres confirment ce point de vue et R. Malingrey, en dessinant de larges sourires sur les visages de ses personnages, semble, lui aussi partager cet avis.

Nous venons de détailler le phénomène des modes de vie collaboratifs et en expliquer le succès; on peut donc se demander quel bilan en tirer.

Le bilan est partagé. Il est, sous certains aspects, positif. Sortir de la solitude, renouer avec la convivialité sont les principaux arguments mis en avant par E. Andreani-Facchin, A. Mestres tout comme E. Daudey et S. Hoibian. R. Malingrey illustre avec un peu d'ironie, les mêmes idées.

Toutefois, le bilan est plus sévère pour certains auteurs. Ainsi, E. Andreani-Facchin, A. Mestres et E. Daudey et S. Hoibian pointent les difficultés liées à la promiscuité, notion qui se retrouve dans le dessin de presse de R. Malingrey. Giono, lui aussi, à son époque, suggérait déjà que le travail collectif appauvrit le savoir-faire de l'ouvrier par rapport à celui de l'artisan.

En définitive, on retient de ce corpus que la tendance au travail collaboratif est un trait incontestable de notre époque; si ce phénomène est porté par des raisons variées, ses effets sont cependant mitigés.

2. Écriture personnelle

« Tous ensemble, tous ensemble ! », le fameux slogan que martèlent les manifestants est un appel à la solidarité. Mais de la rue, lors des grands rassemblements, à nos modes de vies personnels, peut-on affirmer que la société nous rend solidaires ? Pour répondre à cette question, nous verrons que si le collectif se trouve aujourd'hui renforcé, il n'est peut-être qu'une simple illusion.

Comme le corpus l'a justement développé, nous vivons à l'heure du collectif « nouvelle génération ». Ainsi, le numérique nous met plus facilement en contact les uns avec les autres. Cela favorise de nouvelles formes de financement. Ainsi, des sites comme Leetchi ou KissKissBankBank permettent de lancer des projets collaboratifs en mettant des personnes en commun.

Autre application, le covoiturage rend la mobilité plus facile pour des dizaines de milliers d'utilisateurs, à tel point que ce mode de déplacement est venu compléter les offres de transports dans certaines régions peu ou mal desservies en France.

Dernier point, les coopératives de l'ancienne génération continuent à aider beaucoup de personnes dans le monde actuel : dans le domaine scolaire ou agricole, la mise en commun d'une somme permet d'aider ceux qui ont moins d'argent que les autres.

Ainsi, le collectif permet de renforcer les solidarités ; mais notre société est-elle réellement exemplaire sur ce volet ?

Notre société numérique pourrait bien renforcer nos individualismes. En effet, les relations sociales sont souvent plus tendues sur Internet. Les phénomènes de harcèlement, de diffamation et de violence sont fréquents et montrent que, derrière nos claviers, nous sommes plus des ennemis que des frères. La série *13 Reasons Why* illustre bien ce phénomène. L'histoire est celle d'une jeune fille harcelée par ses pairs, qui dévoile la réalité sordide dans laquelle elle s'est retrouvée.

En conséquence, nos « moi » numériques qui doublent nos vies « IRL », « in real life » sont plus solitaires qu'auparavant. Le réalisateur Jason Reitman s'empare de cet aspect dans son film *Men, Women and Children*. Il dépeint notre société comme un monde dévitalisé où nous sommes plus occupés à prendre soin de nos avatars que de nos proches.

En définitive, la réponse à cette question est ambivalente. Si notre société permet de nouvelles formes de solidarité, elle peut également accentuer nos individualismes. Cette situation sera-t-elle identique dans 50 ans ?

Annales 2018

BREVET DE TECHNICIEN SUPÉRIEUR

TOUTES SPÉCIALITÉS

CULTURE GÉNÉRALE ET EXPRESSION

SESSION 2018

Durée : 4 heures

Aucun matériel n'est autorisé.

Dès que le sujet vous est remis, assurez-vous qu'il est complet.
Le sujet comporte 9 pages, numérotées de 1 à 9/9.

CORPS NATUREL, CORPS ARTIFICIEL

PREMIÈRE PARTIE : SYNTHÈSE (/ 40 points)

Vous rédigerez une synthèse objective, concise et ordonnée des documents suivants :

Document 1 : Daphné BÉTARD, « Le tatouage dans la peau », *Beaux-Arts magazine*, juillet 2014.

Document 2 : Philippe PONS, *Peau de brocart,* Éditions du Seuil, 2000.

Document 3 : David LE BRETON, « La scarification fait office de saignée identitaire », propos recueillis par Jeanne RAY, *Causette,* n°34, avril 2013.

Document 4 : François GARDE, *Ce qu'il advint du sauvage blanc,* lettre IX, Éditions Gallimard, 2012.

DEUXIÈME PARTIE : ÉCRITURE PERSONNELLE (/ 20 points)

Selon vous, rendre notre corps artificiel est-ce trahir notre nature ?

Vous répondrez à cette question d'une façon argumentée en vous appuyant sur les documents du corpus, vos lectures et vos connaissances personnelles.

DOCUMENT 1

Non, le tatouage ne se résume pas à ce fulgurant phénomène de mode qui, durant les trois dernières décennies, a conquis près de 20% des Américains et un Français sur dix ! Comme le rappelle aujourd'hui le Quai Branly[1], il s'agit d'une pratique millénaire et universelle. Difficile de dire à quand elle remonte exactement, mais les archéologues en ont trouvé la trace sur tous les continents, de la Sibérie au Pérou, de la Polynésie à l'Arctique. Le plus vieux tatoué connu s'appelle Ötzi. Conservé dans la glace des Alpes pendant quatre millénaires, son corps a révélé de petites marques sur les zones souffrant d'arthrose. Le tatouage, ici, aurait été pratiqué à des fins magico-thérapeutiques, mais il pouvait alors aussi bien être réalisé lors de rites de passage ou dans le cadre de coutumes religieuses. Cet usage païen est frappé d'interdit par l'Église dès le début du Moyen Âge et disparaît d'Occident jusqu'à ce que les explorateurs européens ne le redécouvrent lors de leurs expéditions, à partir du XVIIe siècle. On doit ainsi au navigateur James Cook le terme « tattow », « tatau » en tahitien, qu'il découvre lors d'un voyage dans l'île polynésienne en 1769. Dès lors, les marins vont ramener à même la peau les témoignages de cette pratique ancestrale et la réintroduire dans leur pays d'origine.

Passage obligé dans la marine, largement répandu dans l'armée, le tatouage a également été utilisé pour marquer à jamais l'épiderme des esclaves, bagnards, prisonniers de camps, taulards ou prostituées. Et cette image très négative va longtemps lui coller à la peau. [...] Subversif, sulfureux, le tatouage devient petit à petit l'emblème d'une contre-culture aux États-Unis, qui dépasse largement le champ des taulards et de l'armée. Il accompagne le mouvement pacifiste et hippie, la libération des femmes, qui s'y mettent franchement à la manière d'une Janis Joplin tatouée par Lyle Tuttle. [...]

Se faire tatouer, c'est dévoiler une partie de soi, affirmer et afficher son identité. C'est aussi un acte radical, sans retour en arrière possible ; un engagement à vie. Pour les « porteurs d'encre », comme les nomme la sociologue Élise Müller, il s'agit souvent de s'approprier son corps et de l'inscrire dans une certaine permanence à l'heure où tout se consomme et se jette à une vitesse vertigineuse... Dans l'intimité du studio, des liens, indélébiles eux aussi, se créent entre tatoueurs et tatoués, parmi lesquels on trouve de véritables collectionneurs prêts à attendre des années avant de pouvoir passer entre les mains de leur idole. L'expérience peut s'avérer bouleversante. Tatouée intégralement par Shinge, véritable légende vivante dans le domaine, Uki Yoko raconte ainsi, dans *La Voie de l'encre* (film diffusé au Quai Branly) : « Mon tatoueur m'a révélé des choses sur ma personnalité. Désormais, je me sens plus libre de vivre selon mes propres règles. »

.../...

[1] Musée des arts et civilisations non occidentales qui abrita en 2005 une exposition *Tatoueurs, tatoués*.

Au quotidien, elle dissimule ses tatouages sous des vêtements amples et porte une perruque, car au Japon le tatouage reste très mal vu et c'est sa nature secrète qui lui confère sa beauté. Certains tatoués, au contraire, se mettent en scène dans des performances spectaculaires, n'hésitant pas à recouvrir leur visage pour aller au bout de leur personnage.

Le tatouage a désormais conquis de nouveaux territoires, envahissant les champs de la publicité, de la musique et de la mode. Les hard-rockers d'ACDC ou les Red Hot Chili Peppers en avaient fait leur tenue de scène avant qu'il ne devienne l'apanage des stars du hip-hop, tandis que Jean-Paul Gaultier le faisait défiler dès 1994. Il a ensuite rapidement séduit la planète people, des frêles épaules d'Angelina Jolie aux biceps de David Beckham, en passant par la nuque de Rihanna. Résultat : la pratique s'est démocratisée, voire banalisée – elle est même la star d'une émission de téléréalité américaine. Avec, pour conséquence, une explosion du nombre de tatoueurs : en France, il existait une quinzaine de boutiques en 1982, contre plus de 1500 aujourd'hui ! Tous les tatoueurs ne sont évidemment pas des artistes et beaucoup se contentent de reproduire les motifs diffusés sur Internet. Comment réagissent les aficionados, les purs et durs ? « On ne choisit pas toujours ses voisins », répond l'un d'eux, la mâchoire serrée. D'autres, comme Filip Leu, se félicitent de cet engouement populaire qui, selon lui, attire de nouveaux talents prêts à renouveler l'art du tatouage. Jusqu'où ira la déferlante « tattoo » ? Nul ne le sait, mais il a d'ores et déjà laissé son empreinte indélébile sur les sociétés du XXIe siècle.

Daphné BÉTARD, « Le tatouage dans la peau », juillet 2014

DOCUMENT 2

Journaliste, correspondant à Tokyo pour le quotidien Le Monde, *Philippe PONS évoque, dans* Peau de brocart, *le tatouage traditionnel au Japon. Le titre de son ouvrage est la traduction de «* nishiki hada *», expression désignant les tatouages par rapprochement avec cette étoffe de soie, d'or et d'argent qu'est le brocart.*

Se faire tatouer, c'est non seulement accepter un investissement financier important (de trois à cinq millions de yens[1] pour un corps intégral au début des années 1990), mais encore endurer pendant des mois, voire des années, un traitement douloureux. C'est enfin choisir de réduire délibérément son champ d'activités sociales – se marginaliser. Qu'est-ce qui pousse des individus à se marquer ainsi dans une société où précisément le conformisme est de mise ? (Un dicton populaire ne dit-il pas « Lorsqu'un clou dépasse il faut l'enfoncer » ?).

On peut penser que, sous-jacente au désir de tatouage, existe une aspiration à un lien total, un lien qui « ne mente pas ». Un lien dont l'homme est délibérément l'auteur et le produit. Un lien symbolique qui, à la lettre, ligature tout son être dans un rapport narcissique à soi[2]. Mais au Japon, de telles aspirations communes aux tatoués de par le monde doivent être replacées dans un contexte culturel spécifique qui infléchit la signification du tatouage par rapport à celle prévalant en Occident. Dans ce dernier cas, le tatouage est généralement perçu comme un signe de refus individuel à l'intégration sociale : des marins et des bagnards, premiers Occidentaux en contact avec les peuples primitifs d'outre-mer au XVIIIe siècle, il s'est étendu à un monde en rupture de ban (voyous, prostituées) et, par la suite, à un cercle d'amateurs n'appartenant pas à ces milieux, mais il a conservé de manière diffuse sa signification de transgression des normes sociales. Alors que le tatouage en Occident relève d'une revendication d'individualité et de différence, au Japon il paraît en revanche l'expression d'une volonté d'adhésion à un groupe, note Donald Richie dans son analyse de la psychologie du tatoué. [...]

Le tatouage devient une expression de repérage social, d'autodéfinition par un façonnement de son propre corps en emblème d'appartenance. Le tatouage est enfin le symbole de l'entrée dans une communauté : la voyouterie ou le corps des sapeurs-pompiers à l'époque d'Edo[3], des charpentiers ou des mineurs d'autrefois. C'est le signe de l'appartenance à un groupe, à une communauté (*nakama*). Se faire tatouer, c'est entrer dans une relation de fraternité élective avec d'autres.

La pression pour se situer socialement dans la mouvance d'un groupe et ainsi se doter d'une appartenance est, au Japon, particulièrement forte. Les groupes dont l'un des signes de reconnaissance est le tatouage sont évidemment ceux dont les liens sont particulièrement étroits (c'est le cas de la pègre).

.../...

---

[1] Entre 25 000 et 40 000 euros actuels.

[2] Attachement excessif à sa propre personne.

[3] Ancien nom de Tokyo.

La plupart des tatoués japonais, estime Donald Richie, sont des individus isolés qui cherchent un ancrage. Le tatouage devient pour eux un acte irréversible par lequel leur vie change : ils acquièrent quelque chose, un *insigne*, qu'ils auront en commun avec d'autres. Ils ne se sentent plus isolés. Le tatouage est leur jardin secret. [...]

À la suite de vedettes du spectacle sacrifiant à une mode venue des États-Unis, certains jeunes Japonais affectionnent les petits tatouages comme une sorte de cachet sur un membre. Les hommes et les femmes à la « peau de brocart », quant à eux, continuent à former un monde marginal, ramassé dans les zones d'ombre de la société. Avec la scène classique, immortalisée au *kabuki*[4] et abondamment reprise par les feuilletons télévisés ou les films de *yakuza*[5], du personnage qui découvre une épaule superbement tatouée en abaissant d'un geste brusque la manche de son *kimono*, le tatouage a été investi d'une signification de bravade et abusivement identifié à la pègre. Il est assurément une expression de défi à l'ordre établi, une forme de revendication d'identité plébéienne[6] et il peut encore de nos jours être porté par des truands. Si la volonté de se couper de la société admise existe toujours, le tatouage s'apparente davantage à une beauté secrète qui s'offre, dans son dévoilement, comme l'expression gravée sur la peau des ténèbres que chacun porte en soi.

Philippe PONS, *Peau de brocart,* 2000

[4] Genre théâtral traditionnel.
[5] Maffieux.
[6] Relative au peuple.

DOCUMENT 3

Spécialiste des représentations du corps humain, David LE BRETON répond ici aux questions de Jeanne RAY, pour le magazine Causette.

Que signifient les tatouages, les piercings qu'arborent de plus en plus de jeunes aujourd'hui ?

David Le Breton : C'est une manière d'embellir son corps, d'esthétiser son rapport au monde. Les piercings et les tatouages renvoient, la plupart du temps, à la satisfaction d'être soi. Ils apportent un plaisir, un bonheur supplémentaire. Les personnes qui se sont fait poser un piercing ou tatouer, que j'ai rencontrées dans mon travail, sont bien dans leur peau, mais elles s'y sentent encore mieux après s'être fait faire ces marques. Il y a comme une forme de « narcissisation », d'érotisation du corps, qui s'amplifie quand elles se regardent dans le miroir et quand les autres les regardent.

C'est ce que vous appelez les « formes heureuses » d'appropriation du corps ?

D. L. B. : Exactement. D'ailleurs, l'expression « *je me suis réapproprié mon corps* » revient souvent dans les enquêtes que j'ai menées. Les tatouages et les piercings sont comme une signature. On signe son corps en disant : « *il m'appartient, je suis libre* ». Les tatouages sont devenus une marque d'identité dans le monde actuel. Les gens les affichent avec bonheur. Alors que, dans les années 60-70, ils étaient un objet de stigmatisation[1], de dissidence, de rébellion, aujourd'hui ils renvoient plutôt au narcissisme.

La douleur a-t-elle aussi une valeur symbolique ?

D. L. B. : Dans ces pratiques, elle est presque toujours revendiquée par les jeunes, car elle permet de sanctionner un moment très fort de leur vie. Une sorte de rite de passage initiatique où ils vont faire peau neuve. La douleur signifie l'importance de l'instant, elle est consentie, donc elle ne fait pas mal. Beaucoup de femmes tatouées évoquent la métaphore de l'accouchement, qui n'est jamais totalement un plaisir ni totalement une douleur. [...]

Les marques corporelles, dans nos sociétés, ont-elles quelque chose à voir avec celles des sociétés dites « traditionnelles » ?

D. L. B. : Pas du tout. Dans les sociétés traditionnelles, les scarifications ou les tatouages renvoient à une vision religieuse, culturelle, collective. Elles traduisent l'appartenance au groupe, à la communauté, à un « nous autres ». Chez nous, elles renvoient au « moi », au « je », à l'individualisme. Quand un jeune emprunte aux tatouages maoris, dans la majorité des cas, il ne connaît pas leur culture. Parfois même, il ignore leur localisation géographique.

David LE BRETON, « La scarification fait office de saignée identitaire »,
propos recueillis par Jeanne RAY, avril 2013

---

[1] Rejet public.

DOCUMENT 4

Le roman de François GARDE évoque le destin de Narcisse Pelletier, jeune matelot français abandonné au milieu du XIXe siècle sur une plage d'Australie et retrouvé dix-sept ans plus tard, nu, tatoué et ayant perdu l'usage de sa langue maternelle. Il est pris en charge par Octave de Vallombrun, le narrateur, qui le ramène en France. Ce dernier le présente ici à l'Impératrice Eugénie, épouse de Napoléon III.

« Mais, dit la princesse, vous avez été certain dès le début de la véracité de cette histoire ? Vous n'avez pas craint d'être la victime d'une mauvaise plaisanterie ?

— À Paris, de peur d'être dupé, on n'ose plus rien, déclara M. Mérimée.

— Lorsque j'ai vu ce malheureux garçon pour la première fois dans les jardins du gouvernorat, il ne portait qu'un pagne. Ses tatouages sur tout le corps parlaient pour lui.

— Les tatouages ne sont-ils pas habituels chez les marins ? objecta la princesse.

— En effet, votre Altesse. Mais ceux-là – et les autres signes gravés sur sa peau – ne ressemblent à rien de connu. Peut-être seriez-vous intéressées à les voir ? »

Une inclination de l'éventail impérial accepta l'offre, et je priai Narcisse de quitter sa veste et de retrousser sa manche de chemise droite jusqu'à l'épaule.

Une scarification part du biceps, s'enroule deux fois autour de l'avant-bras et vient finir sur le dos de la main. Elle traverse un long tatouage en damiers, réalisé avant, et qui est comme labouré par ce tracé tortueux. Dans les espaces restants, des lignes brisées, des cercles, des tourbillons alternent sans ordre visible. Les motifs réalisés avec un pigment noir, rehaussés de rouge sur la face intérieure de l'avant-bras, sont d'une netteté parfaite, et l'on devine les dizaines d'heures de travail qui ont permis leur réalisation.

S. M.[1] et son entourage, même les officiers de hussards, restèrent bouche bée devant un spectacle aussi nouveau. Narcisse, avec un rien de fatuité[2], tournait lentement le bras, ouvrait et fermait le poing pour faire ressortir l'étrange décor de sa peau.

« Mère, moi aussi je veux un dessin sur le bras ! »

La princesse Pauline expliqua au Prince impérial qu'il fallait un millier de piqûres avec une aiguille très longue et très grosse, et le Prince impérial parut alors moins décidé.

.../...

---

[1] Sa Majesté.
[2] Prétention.

Je fis signe à Narcisse de redescendre sa chemise et de remettre sa veste, pour éviter qu'on ne lui demande l'autre bras – voire les jambes, avec sa blessure à la cuisse, ou le dos. Ces marques n'étaient pourtant que l'écume de ce que Narcisse avait enduré, et j'espérais que de nouvelles questions allaient lui permettre d'en révéler d'autres pans.

François GARDE, *Ce qu'il advint du sauvage blanc,* 2012

1. Corrigé de la synthèse mai 2018

Un oiseau, une étoile, un prénom… les motifs de tatouage ne manquent pas et ils semblent s'inscrire de plus en plus sur nos épidermes. Le tatouage est au cœur du sujet soumis à notre étude. Le corpus est composé de quatre documents. Daphné Bédart, tout d'abord, s'intéresse aux fonctions du tatouage aujourd'hui et hier. Son article, « Le Tatouage dans la peau » est paru dans *Beaux-Arts magazine* en juillet 2014. Dans un livre intitulé *Peau de Brocart*, paru en 2000, l'essayiste Philippe Pons s'intéresse à la transgression de l'acte. David Le Breton, dans un article publié dans *Causette* en avril 2013 et intitulé « La Scarification fait office de saignée identitaire » distingue le tatouage selon les jeunes en Occident et dans les sociétés traditionnelles. Le corpus est complété d'un extrait de roman signé François Garde, *Ce qu'il advint du sauvage blanc – Lettre IX* publié en 2012. Qui se tatoue et quelles significations y a-t-il dans la pratique du tatouage ? Pour répondre à cette problématique, nous regrouperons d'abord une série de constats autour du tatouage puis nous en étudierons les causes dans un second temps.

Le tatouage est un phénomène en vogue, selon D. Bétard, il a même tendance à se démocratiser. Pratique confidentielle par le passé, il est devenu une pratique à laquelle les jeunes Occidentaux se sont mis massivement. D. Le Breton abonde dans ce sens et précise qu'en se démocratisant, le tatouage a d'ailleurs changé de signification.

Deuxième constat, cet essor contemporain correspond en réalité au renouveau d'une pratique ancienne. D. Bétard et Philippe Pons soulignent à cet égard que cette pratique était d'abord celle de groupes marginalisés et corporatistes. D. Le Breton ajoute qu'à ce titre, le tatouage était un stigmate, une connotation désormais disparue. F. Garde, pour sa part, confirme l'ancienneté de la pratique puisque son roman est situé au XIXe siècle.

Enfin, le tatouage est une pratique douloureuse. P. Pons précise qu'elle provoque une vive douleur. F. Garde mentionne d'ailleurs, dans son roman, que la perspective d'avoir mal atténue le désir de tatouage chez un enfant. En revanche, D. Le Breton nuance cette idée de douleur. Selon lui, en effet, le plaisir de ce passage à l'acte pondère la douleur.

On assiste donc, de nos jours, à la résurgence d'une pratique ancienne. Mais que cherche-t-on à travers le tatouage ?

Le dossier dessine deux fonctions principales au tatouage. En premier lieu, se tatouer sert à s'affilier à un groupe. Le tatouage est un marqueur de groupes institués, d'après D. Bétard. P. Pons précise cette dimension avec l'exemple du Japon. De même, F. Garde mentionne, dans la bouche d'un de ses personnages, que le tatouage est le propre des marins.

Paradoxalement, se tatouer est désormais une revendication identitaire ; D. Le Breton précise, à ce sujet, comment la pratique du tatouage s'est individualisée.

D. Bétard abonde dans ce sens et insiste sur l'idée selon laquelle le tatouage permet d'arborer son identité et donc de s'affirmer. Le personnage principal du roman de F. Garde illustre bien cette fonction car il montre son tatouage aux autres avec une grande fierté.

En définitive, on retient de ce dossier que le tatouage est une pratique complexe et polysémique. D'un usage collectif et stigmatisant par le passé, le tatouage est devenu progressivement un marqueur identitaire largement répandu dans la population.

2. Corrigé du sujet d'écriture personnelle mai 2018

Selon vous, rendre notre corps artificiel, est-ce trahir notre nature ?

Au mois de mai, le Festival de Cannes offre l'occasion d'admirer de belles robes de soirée et mille façons d'embellir les corps, sous le regard des caméras. Rendre notre corps artificiel, est-ce trahir notre nature ? Pour répondre à cette problématique, nous verrons que si la question est assez anodine quand il s'agit de rendre le corps plus beau, elle devient plus délicate quand il s'agit d'effectuer des modifications en profondeur.

Utiliser des artifices est une pratique d'embellissement corporel de longue date. L'objectif est de rendre le corps plus attractif au regard et de répondre aux canons de beauté de notre communauté d'appartenance. La variété des normes esthétiques est d'ailleurs extrême. Depuis les petits pieds des femmes chinoises aux cous allongés des « femmes-girafes » en passant par nos boucles d'oreilles, nos tatouages et autres piercings, la gamme est large.

Par ailleurs, nous poursuivons parfois des objectifs autres qu'esthétiques. Ainsi, les personnes travesties changent d'apparence physique pour se conformer au sexe auquel elles s'identifient. Autre exemple, Günter Wallraff est un journaliste allemand qui a pris l'habitude de se déguiser pour mener à bien ses enquêtes. Ainsi, dans son livre *Tête de Turc*, le journaliste travaille son apparence physique pour ressembler à un immigré turc. De l'intérieur, il dénonce le racisme auquel il est alors confronté. Dans les deux cas, l'objectif de ces artifices est lié à une vérité qu'il faut révéler.

Ainsi, comme on vient de le voir, nous pouvons modifier, rectifier ou travestir notre corps. Mais qu'en est-il de modifications plus profondes du corps humain ?

De nos jours, la science permet d'intervenir sur le corps de façon à en augmenter les capacités. Ainsi, le corps augmenté décuple nos capacités physiques et la fiction extraordinaire présente dans les séries des années 1970, *Super Jaimie* et *L'Homme qui valait trois milliards*, pourraient bien devenir demain une réalité. L'exemple de l'athlète handicapé Oscar Pistorius est emblématique de cette question. Doté de jambes artificielles, cet athlète peut dépasser ses concurrents valides.

Plus encore, ces progrès technologiques nous forcent à considérer l'hybride du corps-machine. Les cyborgs, par exemple, sont des hybrides mi-hommes mi-robots. Le cinéma populaire reflète souvent nos peurs collectives. Ainsi, le film *Robocop* du réalisateur Paul Verhoeven soulève des questions troublantes : cette créature est-elle (encore ?) un homme alors qu'il est fait de chair et d'acier ? D'autres films tels que *Les Mains d'Orlac* d'Edmond Gréville ou *Les Yeux sans visage* de Georges Franju illustrent bien le malaise que génère cette partie artificielle des greffes dans l'image du corps. Dès lors, nous tenons à son intégrité, voire à son caractère sacré.

En définitive, on retient de cette étude que les progrès scientifiques nous ont fait franchir un pas décisif dans la distinction entre corps naturel et corps artificiel. Nous nous habituons progressivement à l'hybride homme-machine. Comment se formulera cette question dans 100 ans ?

Annales 2017

BREVET DE TECHNICIEN SUPÉRIEUR

TOUTES SPÉCIALITÉS

CULTURE GÉNÉRALE ET EXPRESSION

SESSION 2017

Durée : 4 heures

Aucun matériel n'est autorisé.

Dès que le sujet vous est remis, assurez-vous qu'il est complet.
Le sujet comporte 9 pages, numérotées de 1 à 9.

L'extraordinaire

PREMIÈRE PARTIE : SYNTHÈSE (/40 points)

Vous rédigerez une synthèse objective, concise et ordonnée des documents suivants :

Document 1 : Christelle PANGRAZZI, « Tout le monde peut-il être un héros ? », *Ça m'intéresse*, n° 419, janvier 2016.

Document 2 : Umberto ECO, « Le mythe de Superman », *Communications*, n° 24, 1976.

Document 3 : Martin PAGE, *Je suis un dragon*, Éditions Robert Laffont, 2015.

Document 4 : Campagne de communication de la Fondation Emmaüs, 31 août 2015.

DEUXIÈME PARTIE : ÉCRITURE PERSONNELLE (/20 points)

Selon vous, notre société a-t-elle besoin d'admirer des individus extraordinaires ?

Vous répondrez à cette question d'une façon argumentée en vous appuyant sur les documents du corpus, vos lectures et vos connaissances personnelles.

BREVET DE TECHNICIEN SUPÉRIEUR – TOUTES SPÉCIALITÉS		SESSION 2017
Culture Générale et Expression	CULTGEN	Page 2 sur 9

DOCUMENT 1

En octobre dernier, alors que des pluies diluviennes s'abattaient sur le sud de la France, Jean-Luc Duhamel, habitant sans histoire de Mandelieu-La Napoule a, lui, risqué sa vie pour sauver celle de ses voisins. Quelques semaines auparavant, Spencer Stone et Alek Skarlatos avaient servi de bouclier humain dans le Thalys reliant Paris à Amsterdam avant de désarmer un terroriste. Ces hommes et ces femmes sont des héros. Autrement dit, des individus remarquables pour leur bravoure et leur dévouement à autrui. Les héros fascinent et suscitent l'admiration. Pourquoi agissent-ils face au danger alors que la plupart d'entre nous restent pétrifiés d'effroi ?

« Qu'ils soient fictionnels ou réels, les héros représentent un idéal, une aspiration », souligne le philosophe et psychanalyste Frédéric Vincent, auteur du *Réenchantement du monde.* « Ils ont toujours accompagné la vie des hommes, les Grecs en parlaient comme des "demi-dieux", les Romains comme des "hommes d'une très grande valeur". Leur point commun ? Leur capacité à prendre des risques quasi de manière sacrificielle pour une cause qui leur paraît juste. Le héros persévère en dépit de l'adversité ». [...]

La société vénère elle aussi ses héros. « Dans un monde sans repères, ballotté par le chômage, les crises économiques, les héros favorisent la cohésion sociale, cristallisent notre besoin d'idéal autour de valeurs nobles comme la justice, la solidarité, la générosité. Ils transmettent aussi l'idée que la vie peut surmonter les tragédies », souligne Frédéric Vincent. Des porteurs d'espoir rappelant à chacun d'entre nous que le héros n'est rien d'autre qu'un individu ordinaire qui a su transfigurer son existence. [...]

« Nous pouvons nous aussi devenir des héros du quotidien, avance Scott Allison. Il suffit de faire les choix qui s'imposent à notre conscience, comme ne pas fermer les yeux quand une vieille dame a besoin d'aide pour traverser la rue, prendre parti pour un collègue qui subit des harcèlements, ou encore rayer la plainte de son vocabulaire. » « Ce sont les petits actes qui créent les grandes rivières, ajoute Abigail Marsch. Nous avons observé que des exercices simples répétés quotidiennement pendant deux mois permettent de modifier durablement les structures cérébrales en créant de nouveaux circuits neuronaux. » C'est aussi ce que propose Philip Zimbardo avec son « Heroic Imagination Project » (le projet d'imagination héroïque). Selon lui, nous pouvons tous choisir de devenir des justiciers du quotidien. Son conseil ? Se lancer dans une action volontaire qui rend service à autrui et nous demande un effort tout en restant désintéressée. Chaque semaine, il propose de relever de petits challenges comme créer du lien social dans son voisinage, discuter avec des collègues qui ne nous intéressent pas, ou juste échanger quelques mots avec des inconnus dans le bus.

Il a aussi lancé un programme pour les collégiens et les lycéens afin de leur enseigner l'héroïsme. Avec succès. Une chercheuse qui a évalué le courage d'élèves ayant suivi un programme similaire (Hero Construction Company) a en effet constaté que leur courage avait augmenté après les sessions. « Nous ne pouvons pas tous devenir des héros en risquant notre existence, conclut Philip Zimbardo. Mais nous pouvons, au moins, essayer d'en emprunter la voie.»

Christelle PANGRAZZI, « Tout le monde peut-il être un héros ? », janvier 2016.

DOCUMENT 2

Une image symbolique qui présente un intérêt tout particulier est celle de Superman. C'est une constante de l'imagination populaire qu'un héros soit doué de pouvoirs supérieurs à ceux de l'homme commun, d'Hercule à Siegfried, de Roland à Pantagruel et jusqu'à Peter Pan. Souvent, la vertu du héros s'humanise et ses pouvoirs plus que surnaturels ne sont plus que l'excellence d'un pouvoir naturel, l'astuce, la vitesse, l'adresse guerrière, l'esprit syllogistique et l'esprit d'observation comme on les trouve chez Sherlock Holmes. Mais dans une société nivelée où les troubles psychologiques, les frustrations, les complexes d'infériorité sont à l'ordre du jour, dans une société industrielle, où l'homme devient un numéro dans le cadre d'une organisation sociale qui décide pour lui, où la force individuelle, si elle n'est pas exercée dans l'activité sportive, reste humiliée par la machine qui agit à la place de l'homme et détermine ses mouvements mêmes, dans une société de ce genre, c'est le héros positif qui doit incarner, au-delà de toute limite, les exigences de puissance que le citadin ordinaire nourrit sans pouvoir les satisfaire.

Superman est le mythe typique d'un tel genre de lecteurs : Superman n'est pas un terrien, mais il arriva sur la terre, encore enfant, de la planète Kripton. Kripton allait être détruite par une catastrophe cosmique et le père de Superman, homme de science expérimenté, sauva son fils en le confiant à un véhicule spatial. Superman, qui a grandi sur la terre, est doué de pouvoirs surhumains. Sa force est presque sans limite, il peut voler dans l'espace à une vitesse égale à celle de la lumière, et quand il voyage à une vitesse supérieure à celle-ci il brise la barrière du temps et peut se transporter en d'autres époques. Par la simple pression de ses mains, Superman peut porter le charbon à une telle température qu'il le change en diamant ; il peut, en quelques secondes, abattre une forêt entière à vitesse supersonique, et faire de son bois un village ou un bateau ; il peut percer les montagnes, soulever les transatlantiques, abattre ou édifier des digues ; sa vue lui permet de voir aux rayons X, à travers tous les corps, à distance illimitée, et de son regard il peut fondre les objets de métal ; sa super ouïe lui permet d'écouter les discours de quelque lieu qu'ils viennent. Superman est beau, humble, bon et serviable : sa vie est dédiée à la lutte contre les forces du Mal et il est un collaborateur infatigable de la police.

Cependant, l'image de Superman peut être identifiée par le lecteur. En effet, Superman vit parmi les hommes sous les fausses apparences du journaliste Clark Kent ; et comme tel il est apparemment craintif, timide, médiocrement intelligent, un peu gauche, myope et soumis à sa collègue Lois Lane, matriarcale et libidineuse, qui le méprise, étant follement amoureuse de Superman.

.../...

La double identité de Superman a une raison d'être dans la narration parce qu'elle permet d'articuler de manière assez variée le récit des aventures de notre héros, les équivoques, les rebondissements, un certain *suspens* de roman policier. La trouvaille est excellente du point de vue mythopoiétique[1] : Clark Kent personnifie typiquement le lecteur moyen qui est obsédé par ses complexes et méprisé par ses semblables ; le moindre employé de commerce en Amérique, par un évident processus d'identification, nourrit en secret l'espoir qu'un jour, des dépouilles de sa personnalité, puisse fleurir un surhomme, capable de racheter des années de médiocrité.

Umberto ECO, «Le mythe de Superman», 1976.

1. Relatif à la formation des mythes.

DOCUMENT 3

Dans ce roman, Margot est une jeune orpheline timide et solitaire. Un jour, elle découvre sa véritable nature : elle est douée de capacités extraordinaires. Ces pouvoirs la terrifient, elle les dissimule jusqu'à ce qu'un événement tragique la contraigne à se dévoiler. On lui demande alors de mettre ses dons au service de l'humanité.

Durant deux années, de quatorze à seize ans, Margot consacra son temps à sauver le monde.

Un avion de ligne en perdition au-dessus de l'océan Pacifique : Margot fila dans les airs trente secondes après le début de l'alerte. Elle recueillit l'avion sur son dos et le déposa sur une piste de l'aéroport d'Hawaii.

En Inde, de ses deux mains, Margot empêcha un barrage de craquer et d'ensevelir dix mille personnes. Grâce à la jeune fille, les autorités eurent le temps d'évacuer les villages alentour.

Au Japon, dans la ville de Kanazawa, Dragongirl[1] sauva cinquante-quatre personnes prisonnières d'un supermarché dont le toit s'était effondré suite à un tremblement de terre.

Sur la route de l'Everest, à 7000 mètres d'altitude, elle retrouva un campement perdu dans une tempête de neige. Les alpinistes n'avaient plus de nourriture ni de feu. Ils s'endormaient peu à peu dans un sommeil qu'ils savaient mortel quand, soudain, un bras ganté de noir fendit l'entrée de leur tente. Ils crurent être pris d'hallucination : une créature humanoïde s'avança vers eux, simplement vêtue d'un collant, d'un justaucorps, d'une cape et d'un masque. Puis ils comprirent que Dragongirl était venue les sauver. La jeune superhéroïne arracha la tente et l'étala sur le sol. Les sept membres de l'expédition se rassemblèrent au centre de la toile. Dragongirl remonta les coins de manière à les tenir dans sa main droite et elle s'envola, son énorme baluchon sur l'épaule, vers l'hôpital le plus proche.

Au Cap, en Afrique du Sud, elle maîtrisa un requin qui empêchait un groupe de surfeurs de rejoindre la plage. Avec ménagement, elle conduisit l'animal dans des eaux plus poissonneuses.

***

Les effets des actions de Margot dépassaient les bénéfices de simples sauvetages. La jeune superhéroïne insufflait de la confiance dans l'humanité.

.../...

[1] Surnom héroïque de Margot.

Des millions de gens, sans Dieu à adorer, déçus de la politique et de leurs gouvernements, avaient enfin un vrai héros à aimer. L'influence de Margot fut particulièrement forte sur les femmes.

Les inscriptions dans les cours de self-défense et d'arts martiaux explosèrent. Les hommes violents, les agresseurs, les violeurs, trouvèrent de plus en plus face à eux des femmes fières et sans peur qui se défendaient et ne baissaient plus les yeux. Le machisme diminua.

Martin PAGE, *Je suis un dragon*, 2015.

DOCUMENT 4

Le slogan et l'affiche de la campagne Emmaüs présentent des bénévoles de l'association fondée en 1954 par l'Abbé Pierre afin de venir en aide aux plus démunis.

« Méfiez-vous des gens ordinaires...
Ils peuvent être extraordinaires ! »

Campagne de communication de la Fondation Emmaüs, 31 août 2015

1. Corrigé de la synthèse 2017

Batman, Ulysse ou plus simplement soi-même, les héros constituent une vaste famille. Entre ordinaire et extraordinaire, le corpus soumis à notre étude s'intéresse à ce qui fait la singularité du héros tout comme sa nécessité dans la vie des hommes. En quoi le héros transcende-t-il l'ordinaire ? Nous répondrons à cette question en observant d'une part les caractéristiques du héros, qu'il soit fictif ou réel, pour nous intéresser ensuite à ses fonctions et aux moyens de faire advenir le héros qui sommeille en chacun de nous.

En premier lieu, le héros se caractérise par sa capacité à réaliser des actes hors du commun. Dans son acception classique, le héros est un être fictif doté de pouvoirs surnaturels.

L'écrivain Umberto Eco, dans « Le mythe de Superman » paru dans la revue Communications en 1976 fait l'inventaire des pouvoirs de ce célèbre personnage issu de la culture populaire américaine. Une origine extra-terrestre et une force sans limite associée à des dons hors du commun sont des qualités qui distinguent le héros du commun des mortels. Martin Page, auteur du roman *Je suis un dragon* paru en 2015 met également en évidence, à travers sa super héroïne Margot, des pouvoirs relevant de l'extraordinaire et du surnaturel.

Christelle Pangrazzi, auteure d'un article intitulé « Tout le monde peut-il être un héros ? » paru dans la revue *Ca m'intéresse* en janvier 2016 rappelle également, citant le psychanalyste Frédéric Vincent, que les héros sont pour les Anciens des demi-dieux ; leur filiation, divine, est nécessaire à l'accomplissement d'exploits requérant souvent une force exceptionnelle. Cette force exceptionnelle s'actualise dans des œuvres contemporaines à travers Margot ou Superman semblant dire que l'acte héroïque serait le fait d'une élite.

Les trois auteurs précédemment évoqués signalent donc tous une parenté entre héroïsme et surnaturel. De plus, ils mettent également en évidence une fonction commune aux héros : enchanter le monde par des figures exemplaires face à l'adversité, qu'elle s'incarne dans des catastrophes naturelles ou qu'elle soit le fait d'une action humaine malveillante. Cette détermination est illustrée par Superman, dont Umberto Eco mentionne l'esprit de justice à l'œuvre dans un pays défait par le crime ; Martin Page met quant à lui en évidence les prouesses surnaturelles d'une super héroïne intervenant aux quatre coins du globe pour éviter les catastrophes en tous genres.

Cependant, à côté de héros imaginaires aux pouvoirs surnaturels, n'y aurait-il pas de vrais individus tout aussi héroïques ? Et quels seraient, aujourd'hui, les nouveaux critères d'élection du héros ?

Les héros peuvent aussi être des individus bien réels. Ces personnes ont alors en partage avec les héros fictifs des qualités exceptionnelles au premier rang desquelles figurent l'altruisme et la bravoure. Ainsi Christelle Pangrazzi s'intéresse-t-elle aux héros du quotidien incarnés par des citoyens ordinaires prêts à risquer leur vie pour sauver celle des autres dans des situations catastrophiques.

L'affiche publicitaire pour Emmaüs met quant à elle l'accent sur une autre forme d'héroïsme en plaçant la solidarité et la générosité comme actes extraordinaires à la portée de tout individu ordinaire.

L'acte héroïque peut donc s'inscrire dans un emploi du temps quotidien. Christelle Pangrazzi et l'affiche pour Emmaüs plébiscitent en définitive un héroïsme discret emprunt de civisme. Dans cette perspective, venir en aide à l'autre par la parole ou des gestes simples est une forme d'héroïsme à la portée de chacun.

Mais Christelle Pangrazzi va plus loin en montrant que chacun peut faire advenir des capacités héroïques moyennant un entraînement simple. C'est d'ailleurs l'objectif du programme qu'elle mentionne, programme développé sous le nom de Heroic Imagination Project (le projet d'imagination héroïque) et consistant, pour un individu ordinaire, à relever des petits défis hebdomadaires permettant de développer ses qualités d'altruisme. Simple, le programme consiste par exemple à avoir un peu de considération pour un collègue que l'on estime inintéressant.

À y regarder de plus près, les œuvres de fiction invitent elles aussi le lecteur à devenir un héros du quotidien. Ainsi, à travers sa « superhéroïne » Margot, Martin Page met en évidence l'influence bénéfique des héros sur les individus. Pour le romancier, l'exemple du héros permet un regain de confiance et une identification propices à être acteur de sa vie, à quitter la posture de victime pour se libérer soi-même des oppresseurs et bourreaux. De même, Umberto Eco, met en évidence l'humanité de Superman qui est dans sa vie ordinaire comme beaucoup de ses lecteurs ; un individu contrarié dans ses désirs, frustré dans son travail et entravé par une timidité excessive. Pour Umberto Eco, le phénomène d'identification du lecteur au héros est ainsi un facteur très positif.

En définitive, aujourd'hui comme hier, l'altruisme, et la solidarité sont des formes du courage, cette dernière propriété étant héroïque. Dans notre société marquée par l'individualisme, ce courage prend une nouvelle dimension et consiste à faire don de soi et de son temps, ne serait-ce qu'un peu, ce qui est à la portée de chacun.

2. Corrigé du sujet d'écriture personnelle 2017

Selon vous notre société a-t-elle besoin d'admirer des individus extraordinaires ?

Ulysse, Batman, Hulk, Achille… La permanence du héros à travers l'Histoire révèle notre besoin d'enchantement et d'admiration. Le commun des mortels n'a *a priori* pas les moyens de rivaliser avec ces créatures surnaturelles.

Qu'en est-il aujourd'hui ? Notre société moderne n'a-t-elle pas besoin d'admirer des individus bien réels et cependant extraordinaires ?

Après avoir établi les fonctions du héros fictif, éventuelle source d'inspiration, je montrerai que certains individus bien réels peuvent s'avérer héroïques, renouvelant ainsi le regard porté sur la teneur de cet acte.

Le héros est longtemps celui qui se distingue dans l'art de la guerre par des qualités surnaturelles. L'Antiquité nous fournit de nombreux exemples de ce type de héros avec les personnages bien connus d'Achille, Ulysse ou Hercule. Ces héros ont une origine divine et sont dotés de pouvoirs les distinguant du commun des mortels. Les imiter est impossible mais ils incarnent un idéal de courage. Ces figures de l'Antiquité grecque ont été réactualisées dans notre société moderne sous les traits des superhéros produits par Marvel et ils composent une vaste famille dont Superman est, dès 1945 le premier représentant. Selon Umberto Eco, ce personnage a une fonction très positive car exutoire : il n'est pas héros à plein temps et dans la vie civile, il est tout aussi frustré qu'un citoyen ordinaire, coincé par une hiérarchie moqueuse et un béguin méprisant. Avec les Marvell, les lecteurs ont donc la possibilité de s'identifier à des personnages aux traits humains tout en se projetant dans des rêves héroïques.

Si les héros fictifs peuvent être source d'inspiration, faut-il être un surhomme pour accomplir un acte héroïque ? L'héroïsme n'appartient-il alors qu'à la littérature ?

La réalité, dans certaines circonstances, peut fait naître des individus aux qualités extraordinaires. L'histoire contemporaine est marquée par des individus exceptionnels, personnes bien réelles, portées par un idéal de justice fort. Cet idéal implique une détermination et un courage dont peu sont capables. Ainsi, tout le monde a en tête les noms de Martin Luther King, de Rosa Park aux États-unis et de Nelson Mandela en Afrique du Sud, icônes populaires de la lutte contre la ségrégation raciale. Chacun peut admirer l'esprit de sacrifice qui les guidés dans un combat courageux et de surcroît pacifique.

Dans notre société profondément individualiste marquée par le repli sur soi dans le contexte d'une crise économique qui n'en finit pas, l'individu extraordinaire est celui qui est capable d'altruisme. Aujourd'hui, le geste héroïque semble ne plus impliquer le sacrifice de soi mais le don de soi, à travers des gestes du quotidien. Le geste altruiste, qui n'attend rien en retour, la solidarité, l'intérêt porté à l'autre sont ainsi devenus des actes extraordinaires. C'est ce que montre clairement l'affiche de la campagne pour l'association Emmaüs avec son slogan « Méfiez-vous des gens ordinaires, ils peuvent être extraordinaires ! » et c'est également une affirmation soutenue par Scott Allison dans l'article de Christelle Pangrazzi « Tout le monde peut-il être un héros ? ». Dans cet article, Scott Allison révèle qu'il a mis au point une méthode simple pour révéler le héros qui sommeille en chacun d'entre nous ; cela consiste à accomplir au quotidien de petits gestes altruistes.

En définitive, dans notre société moderne, l'individualisme a longtemps été érigé en valeur cardinale avec l'idée d'un « chacun pour soi » et d'une compétition permanente entre individus. Notre société a besoin d'admirer des individus extraordinaires par leur altruisme et, excellente nouvelle, chacun peut devenir ce héros.

Imprimé en France par CPI
en juin 2021

Dépôt légal : juillet 2021
N° d'impression : 163973